Klasse 3/4

Rudi Lütgeharm

Landkarten

lesen & verstehen lernen

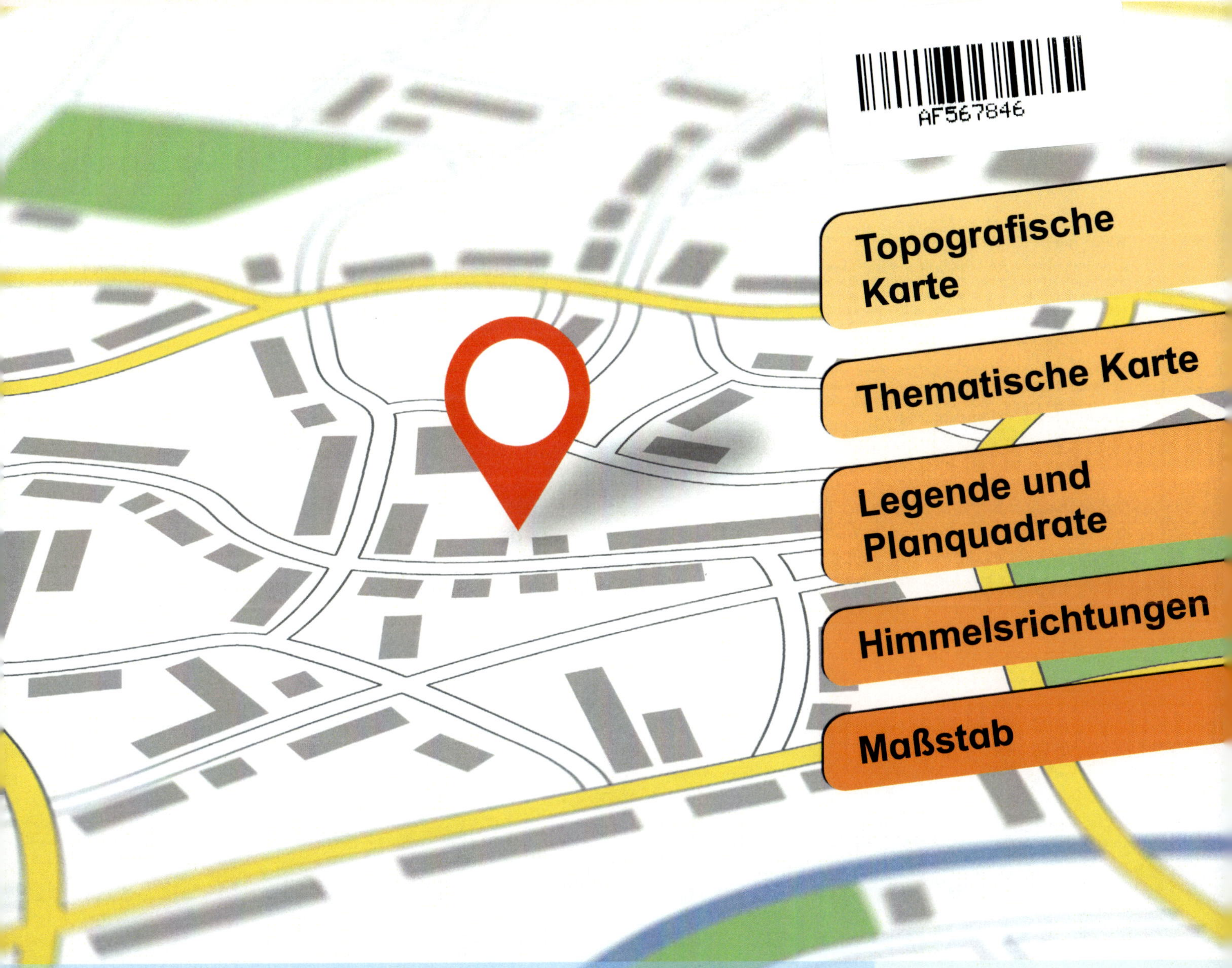

AF567846

Topografische Karte

Thematische Karte

Legende und Planquadrate

Himmelsrichtungen

Maßstab

Erste Erfahrungen im Umgang mit Landkarten sammeln

Landkarten lesen und verstehen lernen

Erste Erfahrungen im Umgang mit Karten sammeln

2. Auflage 2025

© Kohl-Verlag, Kerpen 2023
Alle Rechte vorbehalten.

Inhalt: Rudi Lütgeharm
Umschlagbild: © Zerbor - AdobeStock.com
Redaktion: Kohl-Verlag
Grafik & Satz: Eva-Maria Noack / Kohl-Verlag
Druck: Druckerei Flock, Köln

Bestell-Nr. 12 886

ISBN: 978-3-98558-297-6

Bildquellen © AdobeStock.com:

S. 4: Bezvershenko, Oliver Hauptstock; **S. 7**: artisticco, Lexi Claus; **S. 8**:incomible, Artalis-Kartographie; **S. 9**: Yarr65; **S. 10**: Artalis-Kartographie; **S. 11**: Artalis-Kartographie, leremy; **S. 12**: Yarr65; **S. 13**: illius, Dariusz Jarzabek (Ausschnitt), Zhanna, sakura; **S. 14**: He2, Studio Romantic, Yuri Schmidt, Apiq Sulaiman, sabelskaya, sabelskaya (Ausschnitt), YummyBuum, kishivan; **S. 15**: guy, luchschenF, luchschenF, Timmary, ruangrit19 (bearb.), JRP Studio (bearb.), mrmohock, nadianb; **S. 16**: mirkomedia, Günter Albers, roostler, Claudio Divizia, Christoph, leremy; **S. 17**: Grave passenger; **S. 18**:leremy; **S. 19**: JFL Photography, LightVision, James, leremy; **S. 20**: Thomas, alho007, Claudia Evans, H&C, leremy; **S. 21**: leremy; **S. 23**: He2, roostler, alho007, JFL Photography, tbel, xiefei, Rico Ködder, Enrico, rafale521, ilyaska; **S. 24**: leremy; **S. 26**: Lina; **S. 27**: Piotr; **S. 28**: Max Broszat, Grave passenger; **S. 29**: Max Broszat, Drepicter (2x), MdLothfor; **S. 30**: Grave passenger; **S. 31**: Grave passenger, leremy; **S. 32**: bonezboyz_Ausschnitt, Animaflora PicsStock, Eduard, DragonTiger8; **S. 33**: Tartila, ilyaska, leremy; **S. 34**: Joachim Neumann, syafak; **S. 35**: leremy; **S. 36**: languste15; **S. 37**: RN 3540, lesniewski; **S. 38**: suns07butterfly; **S. 39**:RN 3540, languste15; **S. 40**: Kaesler Media; **S. 41**: leremy, Klaus Eppele, Coprid; **S. 42**: Dmitry Vereshchagin (bearb.); **S. 44**: DOC RABE Media, artjafara, leremy; **S. 47**: Petair, DURIS Guillaume, Gustavsson321; **S. 48**: artisticco, Lexi Claus; **S.49**: Yarr65; **S. 50**: leremy; **S. 51**: leremy; **S. 52**: Grave passenger (Ausschnitt), Max Broszat, leremy; **S. 53**: leremy, Kaesler Media; **S. 55**: lesniewski; **S. 56**: Arid Ocean

Bildquellen © wikimedia.org:

S. 46: topo_Botaurus-stellaris, Meurer-Freytag_Julius Meurer

Das vorliegende Werk und seine Teile sind urheberrechtlich geschützt. Jede Nutzung in anderen als den gesetzlich zugelassenen Fällen bedarf der vorherigen schriftlichen Einwilligung des Verlages. Hinweis zu § 52a UrhG: Weder das Werk noch seine Teile dürfen ohne eine solche Einwilligung eingescannt und in ein Netzwerk oder das Internet eingestellt werden. Dies gilt auch für Intranets von Schulen und sonstigen Bildungseinrichtungen.

Kontakt: Kohl-Verlag, An der Brennerei 37-45, 50170 Kerpen
Tel: +49 2275 331610, Mail: info@kohlverlag.de

Unsere Lizenzmodelle

Der vorliegende Band ist eine Print-Einzellizenz

Sie wollen unsere Kopiervorlagen auch digital nutzen? Kein Problem – fast das gesamte KOHL-Sortiment ist auch sofort als PDF-Download erhältlich! Wir haben verschiedene Lizenzmodelle zur Auswahl:

	Print-Version	PDF-Einzellizenz	PDF-Schullizenz	Kombipaket Print & PDF-Einzellizenz	Kombipaket Print & PDF-Schullizenz
Unbefristete Nutzung der Materialien	x	x	x	x	x
Vervielfältigung, Weitergabe und Einsatz der Materialien im eigenen Unterricht	x	x	x	x	x
Nutzung der Materialien durch alle Lehrkräfte des Kollegiums an der lizensierten Schule			x		x
Einstellen des Materials im Intranet oder Schulserver der Institution			x		x

Die erweiterten Lizenzmodelle zu diesem Titel sind jederzeit im Online-Shop unter www.kohlverlag.de erhältlich.

Inhalt

Seite

1 Vorwort und Einführung 4
- Schritt für Schritt Kenntnisse erwerben und erweitern

2 Didaktisch-methodische Hinweise 5–8
- Lehrpläne, Kerncurriculum und erste Karten

3 Was versteht man unter einer Landkarte? 9–12
- Inhalte – Geschichte – Bestandteile

4 Standorte und Ansichten 13–15
- Vorderansicht – Seitenansicht – Schrägsicht – Draufsicht

5 Karten lesen und verstehen 16–20
- Zeichen – Symbole – Begriffe – Legende

6 Planquadrate und Symbole 21–25
- Zuordnung – Buchstaben und Zahlen – Stadtplan

7 Wie kommen Berge auf die Karte? 26–31
- Höhenlinien und Höhenschichten

8 Von der Luftbildaufnahme zur Landkarte 32–35
- Schrägluftbild – Senkrechtluftbild – Draufsicht – Karte

9 Wozu braucht man Himmelsrichtungen? 36–40
- Haupt- und Nebenhimmelsrichtungen – Windrose

10 Maßstab verstehen und anwenden 41–44
- Zahlenverhältnis – Maßstabsleiste – großer und kleiner Maßstab – Maßstab umrechnen

11 Kartentypen – Arten von Karten 45–47
- Topografische Karten – Thematische Karten

Lösungen 48–54

Zusätzliches Kartenmaterial 55–56

KOHL VERLAG Landkarten lesen und verstehen lernen
Erste Erfahrungen im Umgang mit Karten sammeln – Bestell-Nr. 12 886

1 Vorwort und Einführung

Schritt für Schritt Kenntnisse erwerben und erweitern

Kinder/Jugendliche kommen heute schon recht früh mit „Karten“ in Berührung. Jeden Tag begegnen Kinder und Jugendliche bewusst oder unbewusst „Karten“ auf dem Papier oder in digitaler Form. Der Autoatlas, die Karten-App und Touristen-Stadtkarten sind alltägliche Begleiter. Schüler* sind meistens hochmotiviert, wenn es darum geht, sich „Landkarten“ anzusehen, sie zu lesen und zu deuten. Viele Kinder haben evtl. schon mal den Lageplan eines Kinderspielplatzes oder den Stadtplan einer großen Stadt in den Händen gehabt und sich mit Hilfe dieser Karten orientiert. Es ist wichtig und hilfreich, an die Kenntnisse, Vorerfahrungen und auch an das evtl. vorhandene Wissen der Schüler anzuknüpfen.

Plan – Kinderspielplatz

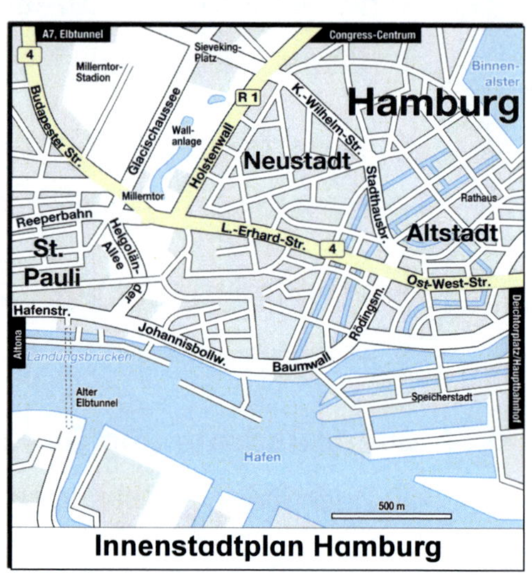

Innenstadtplan Hamburg

Die meisten Kinder haben schon Abbildungen von Karten in Zeitschriften und Büchern gesehen, eine Straßen- oder Stadtplankarte in den Händen gehalten, mit Hilfe einer Wanderkarte bestimmte Ziele erreicht und natürlich auch Ausschnitte auf dem Navigationsgerät und Routenplaner gesehen. Es kann also schon mal darüber gesprochen werden, was man unter einem Plan in Form einer Landkarte überhaupt versteht.

Karten geben die Wirklichkeit verkleinert wieder. Jede Karte ist eine verkleinerte und vereinfachte Darstellung der Erdoberfläche.

„Städte, Berge, Autobahnen, Straßen, Flüsse, Seen“ werden verkleinert dargestellt, weil sie sonst gar nicht auf ein Blatt Papier passen würden.

Jeder weiß, wie wichtig es ist, Pläne und Landkarten richtig lesen und deuten zu können, wenn z. B. das Navigationsgerät ausgefallen ist oder es gerade nicht zur Verfügung steht. Die Schüler lernen, die verwendeten Symbole, Zeichen und Farben richtig zu deuten. In vielen Aufgaben festigen sie ihr Wissen über die Himmelsrichtungen, wenden den Maßstab an, lernen topographische (physische) und thematische Karten zu unterscheiden und werden so immer mehr in die Lage versetzt, „Landkarten zu lesen und zu verstehen“. Dieses Buch unterstützt mit verständlichen und informativen Texten, anschaulichen Grafiken und unterschiedlichen Landkarten den Lern- und Übungsprozess. So erweitern die Schüler Schritt für Schritt ihre Kenntnisse und sind immer mehr in der Lage, eine Landkarte zu lesen, zu verstehen sowie zu ihrer Orientierung zu nutzen.

Viel Freude bei der Bearbeitung der Texte und Aufgaben wünschen Ihnen
das Kohl-Verlagsteam und

Rudi Lütgeharm

---

* *Aufgrund der besseren Lesbarkeit wird im Folgenden die männliche Form Schüler bzw. Lehrer verwendet. Gemeint sind damit selbstverständlich auch die weiblichen Personen.*

2 Didaktisch-methodische Hinweise

Lehrpläne, Kerncurriculum und erste Karten

Sich im Raum orientieren zu können, ist eine grundlegende Kulturtechnik, deren Vermittlung im Aktionsraum primär dem Fach Erdkunde zugesprochen wird.[1]

Räumliche Orientierung – was versteht man überhaupt darunter?

- Karten zu lesen, zu deuten und zu verstehen;
- Orientierung in Realräumen wie z. B. Schulweg, Plan des Zoos, Stadtplan, Wanderkarte;
- topographisches Orientierungswissen wie z. B. Kartensymbole, Legende, Himmelsrichtungen, Maßstab usw.

Schüler erwerben im Sachunterricht der Grundschule und auch in der Klasse 5 der weiterführenden Schule nicht nur grundlegende topographische Kenntnisse und Fähigkeiten, z. B. die Namen von Bundesländern und deren Hauptstädten, Länder und Städte in Europa, wichtige Flüsse und Gebirge, sondern auch die Kenntnis über räumliche Orientierungsraster. Schon in der Grundschule am Ende der Klasse 4 wird erwartet, dass die Schüler mit einfachen Karten umgehen, sie lesen, verstehen und sich darauf orientieren können.

Die folgenden exemplarisch ausgewählten Auszüge aus dem „Kerncurriculum für die Grund-schule, Schuljahrgänge 1-4 – Sachunterricht", Niedersächsisches Kultusministerium, machen deutlich, welchen Stellenwert das Thema „Landkarten lesen und verstehen" hat.

Erwartete Kompetenzen am Ende des Schuljahrgang 4[2]

- Die Schülerinnen und Schüler können einfache Karten und Pläne lesen, deuten und sie zur Orientierung nutzen.

Kenntnisse und Fähigkeiten

- grundlegende Zusammenhänge zwischen Verkleinerung (Generalisierung) erkennen und deuten;
- Kartensymbole (Zeichen und Farben) und Kartenlegende kennen und deuten;
- Orientierung mit Plänen und einfachen Karten unter Nutzung von Hilfsmitteln (Kompass, Sonne, Haupt- und Nebenhimmelsrichtungen);
- Orientierung auf einfachen topografischen Karten (Wohnort, Niedersachsen);
- Nutzung verschiedener Kartenformen (thematisch, politisch);
- Orientierung auf einfachen politischen Karten (Deutschland, Europa, Erde).

Mögliche Aufgaben zur Überprüfung

- Kartensymbole erklären;
- unbeschriftete Karten ergänzen;
- Pläne, Karten und Hilfsmittel bei einfachen Orientierungsaufgaben (z. B. Schatzsuche) nutzen;
- Kartenausschnitte zuordnen;
- Reisewege und Standorte finden;
- markante geografische Orte (z. B. Sehenswürdigkeiten, landschaftliche Besonderheit) finden;
- Niedersachsen auf einer Deutschlandkarte verorten;
- Deutschland auf einer Europa- und einer Weltkarte verorten.

[1] Hemmer, I. & Hemmer, M.: Räumliche Orientierungskompetenz. In Praxis Geographie 11/2009; S.4

[2] Niedersächsisches Kultusministerium: Kerncurriculum für die Grundschule Schuljahrgänge 1-4 – Sachunterricht; S. 22

KOHL VERLAG Landkarten lesen und verstehen lernen Erste Erfahrungen im Umgang mit Karten sammeln – Bestell-Nr. 12 886

2 Didaktisch-methodische Hinweise

In diesem Buch werden Schülern Schritt für Schritt wichtige Themenbereiche nahegebracht, wie z. B.:

- Was man unter einer Landkarte versteht;
- Zeichen, Symbole und Kartenlegende;
- Standorte und Ansichten;
- Senkrechtluftbild und Schrägluftbild;
- Himmelsrichtungen und Maßstab;
- Arten von Landkarten.

Begriffe wie Kartensymbole, Legende, Windrose und Himmelsrichtungen, Planquadrate, Maßstab, Wanderkarte, Stadtkarte, Länderkarte, topographische (physische) und thematische Karten werden anschaulich vermittelt. Dabei wird immer an das vorhandene Wissen und die individuellen Voraussetzungen angeknüpft.

Wenn man sich mit dem Thema „Landkarten lesen und verstehen lernen" beschäftigt, bietet es sich an, Schülern die grundlegenden geografischen Arbeitstechniken und Arbeitsweisen zu vermitteln, z. B.

- das Vervollkommnen einfacher Karten;
- das Zeichnen einfacher Kartenskizzen mit Zeichen/Symbolen;
- Kartenausschnitte zu erkennen, zu deuten und zusammenzufügen;
- Entfernungen unter Berücksichtigung des Maßstabs zu berechnen;
- die Nutzung des Atlas kennenzulernen usw.

Wenn man eine Karte „lesen und verstehen" will, muss man in der Lage sein, das „Aussehen" der Karte einzuschätzen und dafür wichtige Merkmale und Zeichen/Symbole auf der Karte zu erkennen und zu deuten.

Beispielaufgaben zur Einführung

Die folgenden vier Aufgaben mit ausgewählten Karten können als Einstieg in das Thema verwendet werden. Das Betrachten und Vergleichen mehrerer Karten führt meist zu spontanen Äußerungen, die auch an der Tafel gesammelt und als Grundlage für den weiteren Unterricht verwendet werden können.

1. Der Lageplan eines Zoos mit Standorten der Tiere lässt sich noch intuitiv „lesen"/ verstehen.
2. Auf einer Wanderkarte muss man schon Symbole wie Wanderweg, Campingplatz, Fluss, See, Wasserfall, Brücke, Grillplatz etc. „lesen"/verstehen können.
3. Anhand eines abstrakten Stadtplans hat man die Möglichkeit, zunächst die wichtigsten Symbole wie Straßen, Grünflächen, Gebäude, Gewässer und insbesondere deren Farben kennenzulernen.
4. Was man abstrakt verstanden hat, findet man nun auch in einem echten Stadtplan, also von einer konkreten Stadt (wie hier Erfurt). Hinzu kommt aber z. B. die Nennung der Stadtteile, Angabe der Hauptverkehrsstraßen, Wohngebiete, Flüsse und anderer Besonderheiten.

2 Didaktisch-methodische Hinweise

Aufgabe 1: *Sven geht vom Eingang zuerst zu den Giraffen, dann weiter zu den Nashörnern und anschließend zu den Elefanten. Danach macht er eine kleine Pause in der Zoogaststätte. Anschließend besucht er die Bären, von dort die Löwen und Tiger. Zeichne den Rundgang von Sven mit Bleistift auf der Karte ein.*

Aufgabe 2: *Ausgangspunkt der Wanderung ist die Hütte am Campingplatz. Gemeinsam werden folgende Punkte in dieser Reihenfolge besucht: See – Flussufer zum Kanufahren – Grillplatz – Wasserfall – zurück zur Hütte. Zeichne den möglichen Weg auf der Karte ein.*

2 Didaktisch-methodische Hinweise

Aufgabe 3: *Nenne zu den Buchstaben die Farbe und wofür diese Farbe steht.*

a = ______________________ b = ______________________

c = ______________________ d = ______________________

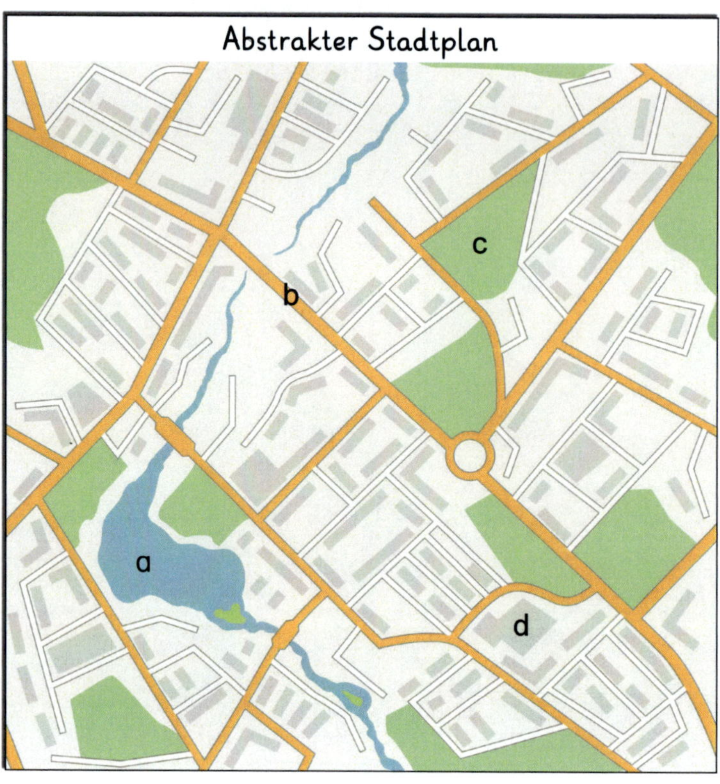

Aufgabe 4:

a) *Welche Bundesstraße verläuft westlich von Erfurt und welche Autobahn verläuft im Süden von Erfurt?*

b) *Welcher Fluss fließt durch die Altstadt von Erfurt? Recherchiere im Internet.*

Landkarten lesen und verstehen lernen
Erste Erfahrungen im Umgang mit Karten sammeln – Bestell-Nr. 12 886
KOHL VERLAG

3 Was versteht man unter einer Landkarte?

Inhalte – Geschichte – Bestandteile

Eine Karte ist eine verkleinerte und vereinfachte Darstellung der Erdoberfläche oder eines Ausschnitts der Erdoberfläche.

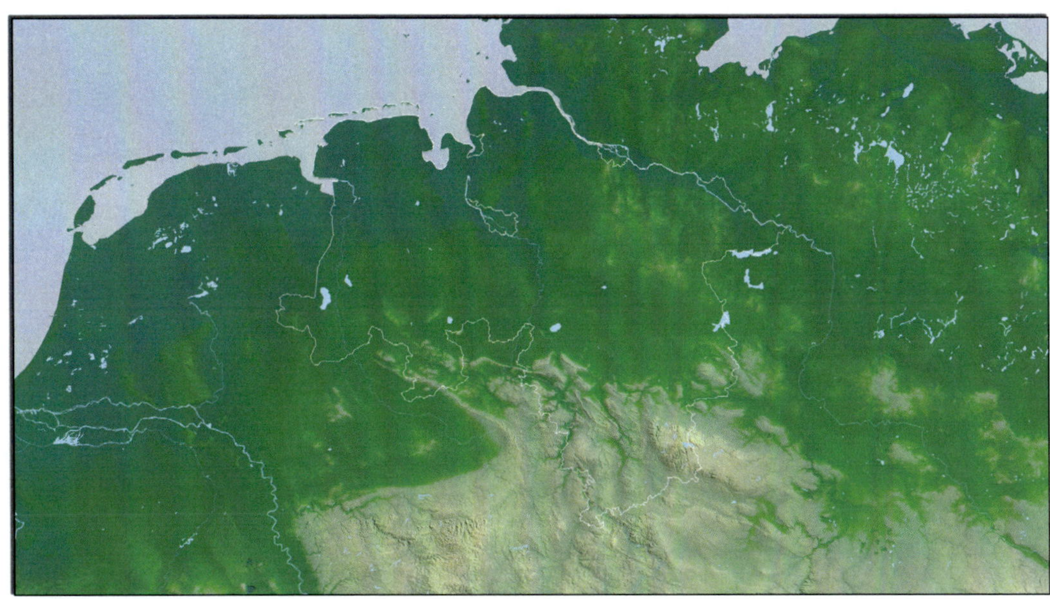

Eine Landkarte ist eine Zeichnung, die aufzeigt, wie es auf einem Teil – einem Ausschnitt – der Erde aussieht.

- Eine Landkarte ist immer nach Norden ausgerichtet.
- Auf einer Landkarte werden die Inhalte durch Zeichen und Symbole dargestellt.
- Die Zeichenerklärung auf einer Landkarte nennt man Legende.
- Die Verkleinerung auf einer Landkarte erfolgt in einem bestimmten Maßstab.
- Die Darstellungen auf der Landkarte sind im Unterschied zum Luftbild gegenüber dieser Wirklichkeit generalisiert, d. h. regelhaft vereinfacht.

Mithilfe einer Landkarte kann man Gebiete erkunden und sich in der abgebildeten Umgebung orientieren. Heute werden Landkarten mithilfe detaillierter und genauer Luft- und Satellitenbilder sowie moderner Vermessungstechniken erstellt, um so möglichst genaue Abbildungen zu erstellen.

Kartentypen

Man unterscheidet zwei Arten von Landkarten – die **topografische = physische** und die **thematische Landkarte**. Ein Buch mit vielen unterschiedlichen Karten nennt man Atlas.

Karte – „carta"

Der Begriff der Karte kommt vom griechischen „carta" und bedeutet Urkunde, Brief. Landkarten gibt es wahrscheinlich schon so lange, wie es die Zivilisation der Menschen gibt. Schon in der Steinzeit haben die Menschen erste Landkarten erstellt, indem sie grobe Zeichnungen u. a. von Wegen in Stein geritzt haben.

Die erste systematisch erstellte Landkarte stammt aus Mesopotamien und wurde um rund 3800 v. Chr. gezeichnet. Das Erstellen von Karten geschah dann vor allem in der Antike von den Griechen, Römern und Chinesen. Ab dem 15. Jahrhundert trug die Seefahrt mit ihren Entdeckungsreisen zu großen Fortschritten in der Erstellung von Landkarten bei, weil dafür genaue Landkarten erforderlich waren.

Landkarten lesen und verstehen lernen
Erste Erfahrungen im Umgang mit Karten sammeln – Bestell-Nr. 12 886

KOHL VERLAG

3 Was versteht man unter einer Landkarte?

Kartografie

Wer eine Karte zeichnet, ist ein Kartograf – die Wissenschaft dazu heißt Kartografie. Der Kartograf stellt die Originale der Landkarten aller Art her, die dann mit Kopier- und Druckverfahren reproduziert werden. Sie arbeiten anhand von fotografischen Luftaufnahmen.

Eine Karte sollte immer klar und verständlich sein, damit man sie lesen, verstehen und sich damit orientieren kann. Eine Karte sollte auch für Anfänger (Schüler im Grundschulalter) leicht lesbar sein.

Bestandteile

Jede Landkarte hat einen Titel, der meist am oberen Rand auf jeder Karte zu finden ist.

Die Bestandteile einer topographischen Karte sind immer der Kartenrand, der Kartenrahmen und das Kartenfeld.

- Der **Kartenrahmen** ist der äußerste Bereich der Landkarte, dort findet man die Bezifferung des Gradnetzes.
- Der **Kartenrand** ist die Begrenzung der bildlichen Darstellung einer Landkarte, manchmal mit weiteren Informationen versehen.
- Das **Kartenfeld** ist der Bereich, in dem die bildliche Darstellung der jeweiligen Karte zu sehen ist.

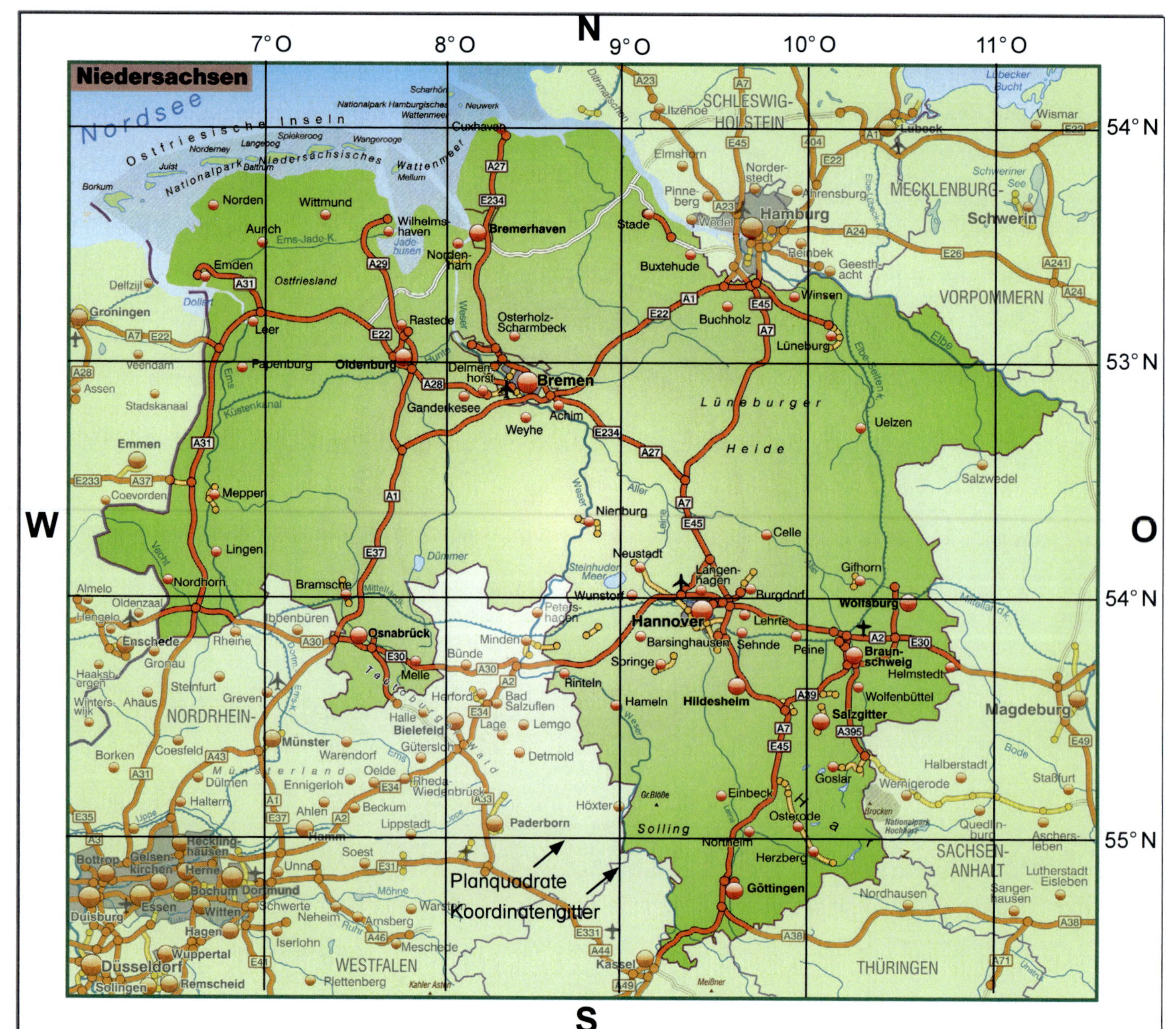

Landkarten lesen und verstehen lernen
Erste Erfahrungen im Umgang mit Karten sammeln – Bestell-Nr. 12 886
KOHL VERLAG

3 Was versteht man unter einer Landkarte?

Die Karte gibt in übersichtlicher und gut lesbarer Form Auskunft über Siedlungen (Dörfer, Städte), Straßen (Wanderwege, Landstraßen, Bundesstraßen, Autobahnen), Eisenbahnlinien, Gewässer (Flüsse, Seen), Vegetation (Wälder, Wiesen) und Geländeformen (Berge, Gebirge) usw.

- Der obere Kartenrand zeigt immer nach Norden, unten ist Süden, links der Westen und rechts der Osten.
- Alle Ortsbezeichnungen verlaufen von West nach Ost, alle Flüsse sind in der Richtung zu lesen, in der sie fließen. An den Höhenlinien zeigt die Oberkante der Beschriftung zum Gipfel.
- **Jede Karte hat einen Maßstab**, denn die Karte kann ja nicht so groß sein wie das Land, das dargestellt werden soll.
  Wenn eine Karte den Maßstab **1 : 100.000** hat, dann heißt das:
  Was auf der Karte 1 cm lang ist, ist in Wirklichkeit 100.000 cm = 1000 m = 1 km lang.

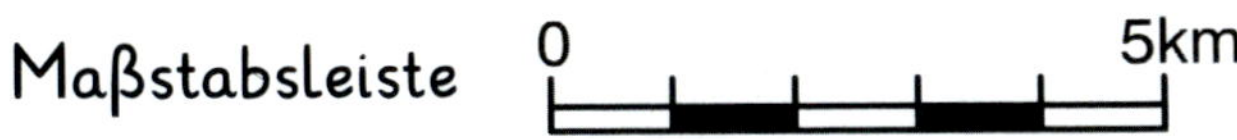

- **Jede Karte hat eine Legende**: Damit man die Karte richtig lesen und verstehen kann, sind die meisten Karten mit Kartenzeichen (Symbolen) versehen, die ein besseres Verstehen der Karte ermöglichen. Die verwendeten Symbole können Zeichen, Linien, Farben etc. sein. Beispiele sind:

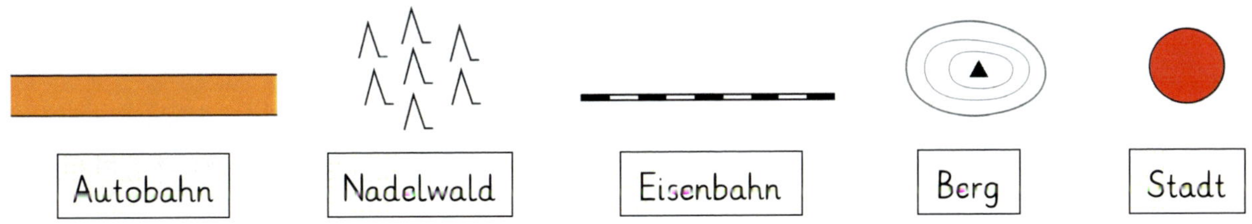

- Flüsse, Seen, Meere und andere Gewässer werden auf einer Karte in blau dargestellt.
- Straßen – also Wanderwege, Landstraßen und Autobahnen – sind durch Linien in verschiedenen Größen oder Farben dargestellt.
- Eisenbahnlinien werden in unterbrochenen schwarzen Linien mit Rand dargestellt.
- Wälder oder Parks erkennt man an der grünen Farbe.
- Berge und höher liegende Regionen sind auf Karten meist braun.
- Gebäude und Stadtteile sind grau oder schwarz.
- Grenzen von Städten oder Ländern werden meist in rosa oder gelb angezeigt.

KOHL VERLAG Landkarten lesen und verstehen lernen
Erste Erfahrungen im Umgang mit Karten sammeln – Bestell-Nr. 12 886

3 Was versteht man unter einer Landkarte?

Aufgabe 1: *Welches Bundesland wird auf dieser Karte deutlich dargestellt?*

____

Aufgabe 2: *Trage die Himmelsrichtungen auf der Karte ein.*

Aufgabe 3: *Nenne die Gewässer von a–e.*

a = __________ b = __________ c = __________

d = __________ e = __________

Aufgabe 4: *Wie heißen die Bundesländer von 1 – 5?*

1 = __________

2 = __________

3 = __________

4 = __________

5 = __________

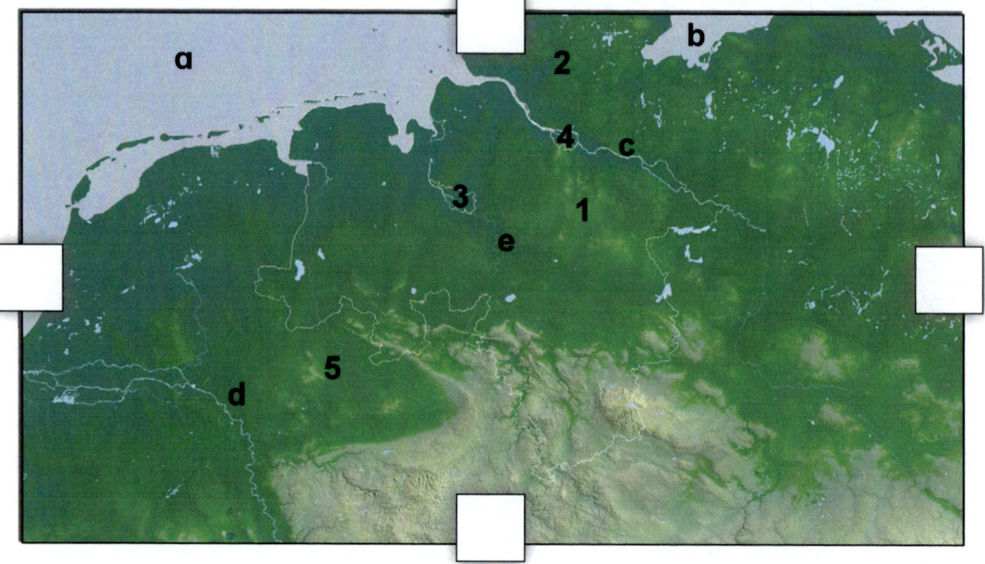

Aufgabe 5: *Verbinde die Sätze zu sinnvollen Aussagen, indem du die richtige Zahl vor den Buchstaben schreibst. Die Buchstaben ergeben in der richtigen Reihenfolge das Lösungswort:*

_ _ _ _ _ _ _ _ _ _ _

1	Der Begriff der Karte kommt
2	Wer eine Karte zeichnet
3	Das Kartenfeld ist der Bereich, in dem
4	Es gibt topographische,
5	Auf der Karte verlaufen
6	Ein Buch mit vielen Karten
7	Flüsse, Seen und andere Gewässer
8	Wälder und Parks
9	Bestandteile einer Karte sind immer der Kartenrand,
10	Alle Flüsse sind in der
11	Die meisten Karten sind mit

	F	der Kartenrahmen und das Kartenfeld.
	E	Symbolen versehen, damit man sie besser „lesen" kann.
	K	vom griechischen „carta" und bedeutet Urkunde.
	G	nennt man Atlas.
	R	werden auf einer Karte in blau dargestellt.
	R	die bildliche Darstellung der Karte zu sehen ist.
	I	Richtung bezeichnet, in der sie fließen.
	T	und thematische Landkarten.
	A	ist ein Kartograf.
	A	erkennt man an der grünen Farbe.
	O	alle Ortsbezeichnungen von West nach Ost.

Landkarten lesen und verstehen lernen
Erste Erfahrungen im Umgang mit Karten sammeln – Bestell-Nr. 12 886
KOHL VERLAG

4 Standorte und Ansichten

Vorderansicht – Seitenansicht – Schrägsicht – Draufsicht

In der Regel ist es der Mensch gewohnt, das Gelände/Umfeld aus einem horizontalen Blickwinkel zu betrachten. Bevor man über Luftbildaufnahmen als Grundlage für die Erstellung von Landkarten spricht, sollte man zunächst mit den Schülern, zum besseren Verständnis, die unterschiedlichen Standorte beim Betrachten eines Objektes in den Mittelpunkt stellen, z. B. beim Anschauen eines Hauses:

Vorderansicht
a)

Seitenansicht
b)

Schrägsicht
c)

Draufsicht
d)

a) Wenn man vor dem Haus steht (und auf die Tür schaut), hat man eine Vorderansicht.

b) Wenn man von der Seite auf das Haus sieht, hat man eine Seitenansicht.

c) Wenn man von einer erhöhten Stelle/einem Hügel oder Berg auf das Haus schaut, hat man eine Schrägsicht.

d) Wenn man das Haus aus der Gondel eines Heißluftballons sieht, hat man eine Draufsicht.

Je nachdem wo man sich hinstellt
– welchen Standort man zum Haus einnimmt –
verändert sich auch der Blick auf das Haus.

Manchmal helfen auch Bauklötze aus Holz dabei, die Sichtweise auf ein Haus zu veranschaulichen, weil man die Bauklötze anfassen und dadurch die verschiedenen Ansichten besser als 3-dimensionales Haus „begreifen" kann.

Durch das bewusste Anschauen und schrittweisen Verändern des eigenen Standortes treten immer wieder verschiedenen Sichtweisen auf ein Haus in Erscheinung und prägen sich ein.

Landkarten lesen und verstehen lernen
Erste Erfahrungen im Umgang mit Karten sammeln – Bestell-Nr. 12 886

4 Standorte und Ansichten

Aufgabe 1: *Trage die richtigen Begriffe (Ansichten) unter den Bildern ein.*

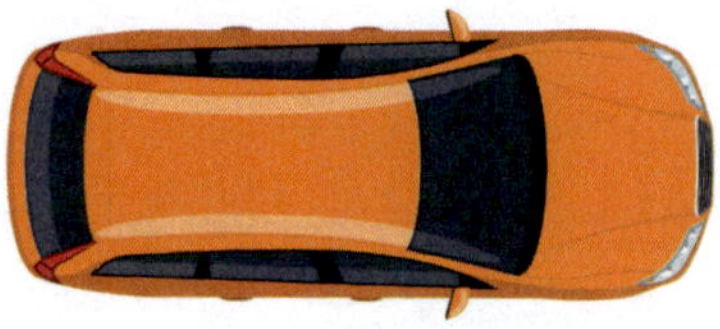

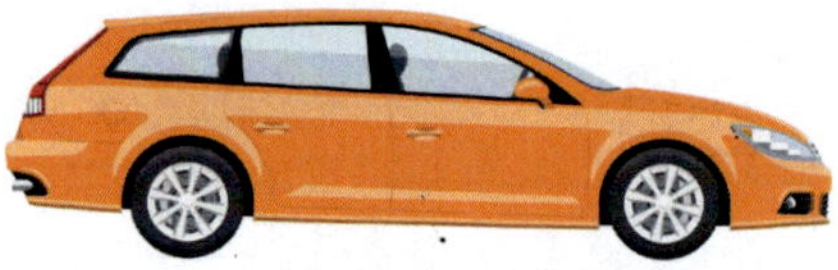

a)	
b)	
c)	
d)	
e)	
f)	

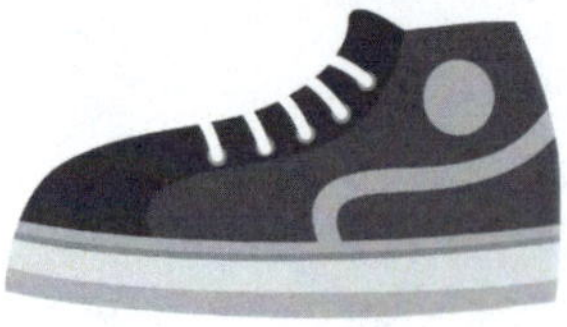

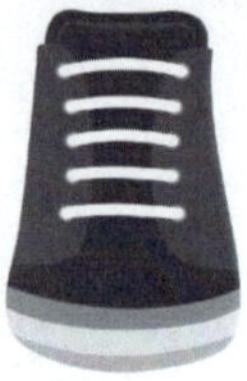

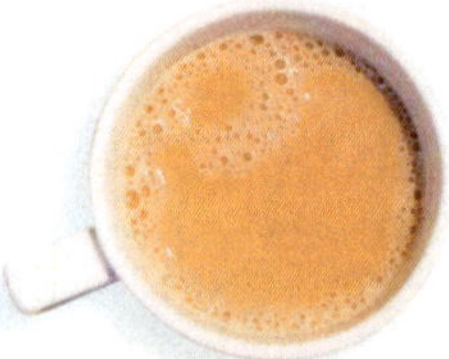

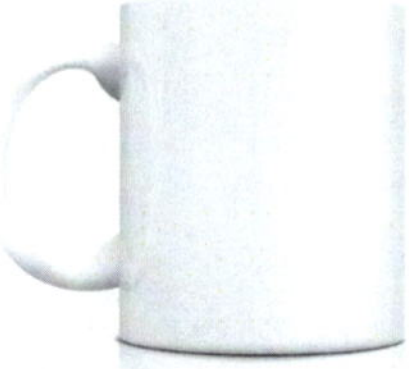

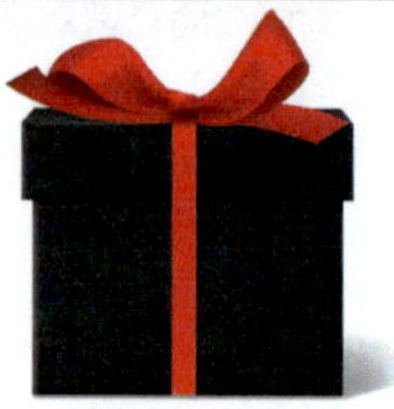

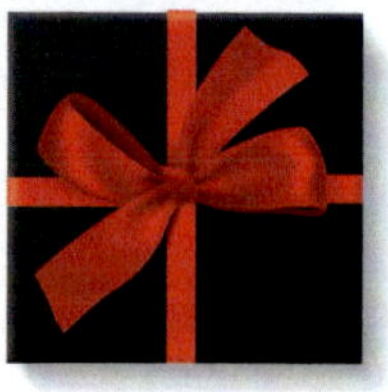

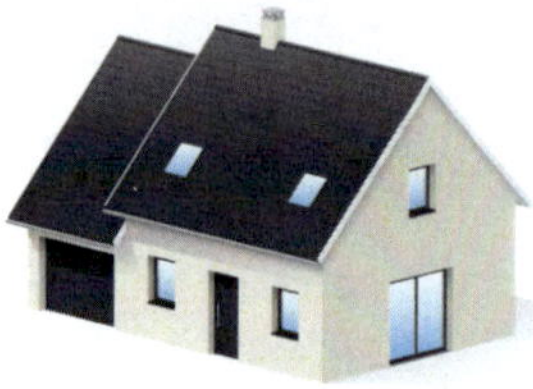

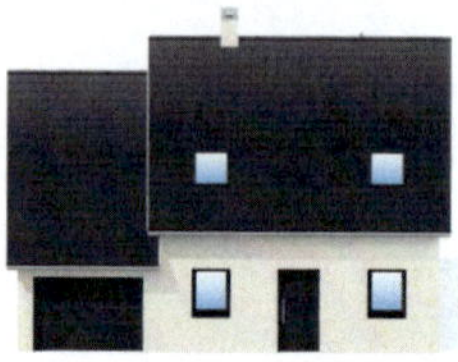

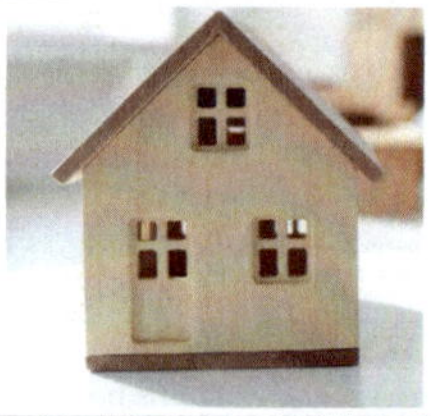

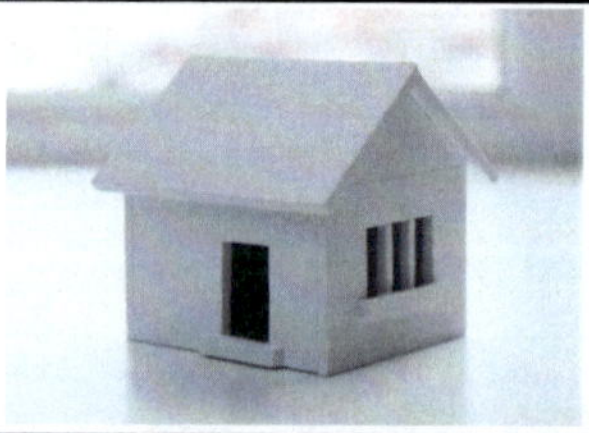

Aufgabe 2:

Zeichne den Umriss der Seite a dieses Spielzeughauses.

Landkarten lesen und verstehen lernen
Erste Erfahrungen im Umgang mit Karten sammeln – Bestell-Nr. 12 886

Aufgabe 3: a) *Welche Aussagen sind richtig, welche falsch? Kreuze an.*

		Richtig	Falsch
1	Die Draufsicht zeigt das Haus von schräg oben.		
2	Bei der Vorderansicht sehe ich das Haus von vorn.		
3	Bei der Seitenansicht sehe ich das Haus von hinten.		
4	Bei der Draufsicht gibt es kein vorn oder hinten.		
5	Bei der Schrägsicht stehe ich seitlich vom Haus.		
6	Bei der Seitenansicht sehe ich nur eine Seite des Hauses.		
7	In der Gondel des Heißluftballons sehe ich das Haus in der Draufsicht.		
8	Bei der Vorderansicht kann ich das Haus von vorn und hinten sehen.		

b) *Korrigiere die falschen Aussagen.*

____

____

____

____

____

Aufgabe 4: *Welches Tier oder Objekt ist von oben und welches ist von der Seite abgebildet? Schreibe jeweils ein **D** für Draufsicht oder ein **S** für Seitenansicht darunter.*

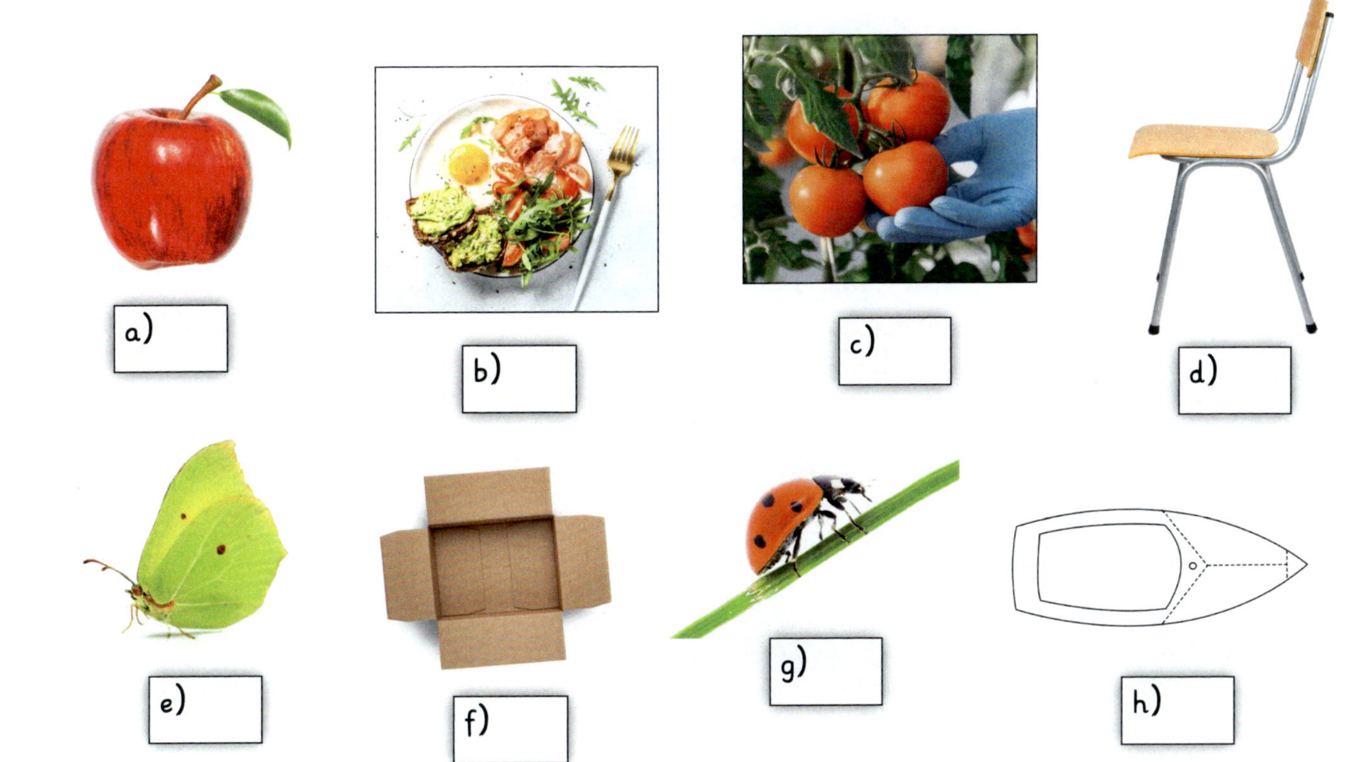

KOHL VERLAG Landkarten lesen und verstehen lernen – Erste Erfahrungen im Umgang mit Karten sammeln – Bestell-Nr. 12 886

5 Karten lesen und verstehen

Zeichen – Symbole – Begriffe – Legende

Auf einer Landkarte wird die Wirklichkeit sehr viel kleiner veranschaulicht, damit man möglichst viel auf einer Karte darstellen kann. Einen Leuchtturm, eine Brücke, eine Kirche oder ein Gebiet mit Nadelbäumen so zu zeichnen, wie sie wirklich aussehen, ist viel zu aufwendig und zu schwierig. Auf Landkarten benutzt man deshalb einfache Zeichen.

Zeichen ermöglichen ein besseres Verstehen der Karte. Ihr Wert liegt darin, dass Beschriftungen weggelassen werden können und damit das Kartenbild entlastet wird. Außerdem erhält das Gedächtnis Hilfen und Unterstützung, um sich an die Bedeutung dieser Zeichen zu erinnern. Obwohl sich je nach Karte und Kartenhersteller die Zeichen manchmal unterscheiden, werden hier Zeichen und Symbole genannt, die in fast allen Karten zu finden sind. Die Beschriftung ist ein wesentlicher Bestandteil auf jeder Landkarte und hilft dabei, die Karte besser zu verstehen. Je nach Bedeutung des Begriffes wird die Beschriftung hinsichtlich Größe und Stärke angepasst.

In Karten vorkommende Zeichen nennt man Symbole. Die Symbole sollten einfach, einheitlich und möglichst selbsterklärend sein.

Wort	Wirkliches Objekt	Symbol
Leuchtturm		
Brücke über Fluss		
Nadelwald		
Kirche		
Burgruine		

KOHL VERLAG
Landkarten lesen und verstehen lernen
Erste Erfahrungen im Umgang mit Karten sammeln – Bestell-Nr. 12 886

5 Karten lesen und verstehen

Eine Landkarte zu lesen kann manchmal schwierig sein und stellt viele Schüler zunächst vor Probleme. Um eine Landkarte richtig lesen und verstehen zu können, müssen zunächst verschiedene Elemente und ihre Bedeutung kennengelernt und verstanden werden. Die vielen Farben, Linien, Symbole, Zahlen und Beschriftungen sind oft verwirrend.

Die Legende dient dazu, die in der Karte verwendeten Symbole zu erklären.

Eigenschaften der in der Karte benutzten Symbole:

- Meistens ist am Rand einer Karte eine Legende zu finden.
- Das Wort Legende leitet sich vom lateinischen Begriff „legenda" ab und bedeutet so viel wie „eine zu lesende Schrift".
- Eine Legende ist eine Übersicht der in einer Karte genutzten Symbole und erklärt die Bedeutung dieser Zeichen.
- Mithilfe einer Legende lassen sich die Symbole auf einer Landkarte deuten und die Karte kann damit richtig gelesen werden.
- Bestandteile der Legende sind jeweils das verwendete **Symbol** und das **Wort**, welches dieses Symbol und das gemeinte, **wirkliche Objekt** beschreibt.
- Symbole der Legende können Zeichen, Linien, Farben, Muster und Abkürzungen sein.
- Zeichen, Linien und Farben ähneln sich auf den meisten Karten, z. B. sind Linien häufig Straßen, Flüsse, Grenzen und Eisenbahnstrecken.
- Farben ermöglichen eine bessere Übersicht und ein schnelleres Erfassen des gesamten Kartenbildes. Farben werden meistens zur Kennzeichnung größerer Flächen genutzt, z. B. für Gewässer, Städte und Wälder.
  - blau steht für Gewässer wie Flüsse, Seen, Meere und Ozeane;
  - grün für Wälder und Wiesen;
  - rot für Siedlungen, Dörfer, Städte und Großstädte;
  - braun für Hochland, Berge/Gebirge und für Höhenlinien und deren Zahlen;
  - grau/schwarz für Industrie- und Gewerbeflächen sowie für Verkehrsnetze.
- Höhenlinien sind dünne, durchgezogene Linien, mit Höhenangaben als kleine Zahlen. Auf einer Karte mit Maßstab 1:100.000 unterscheidet man z. B. 100-metrige und 25-metrige Höhenlinien durch verschiedenartige Strichstärken.

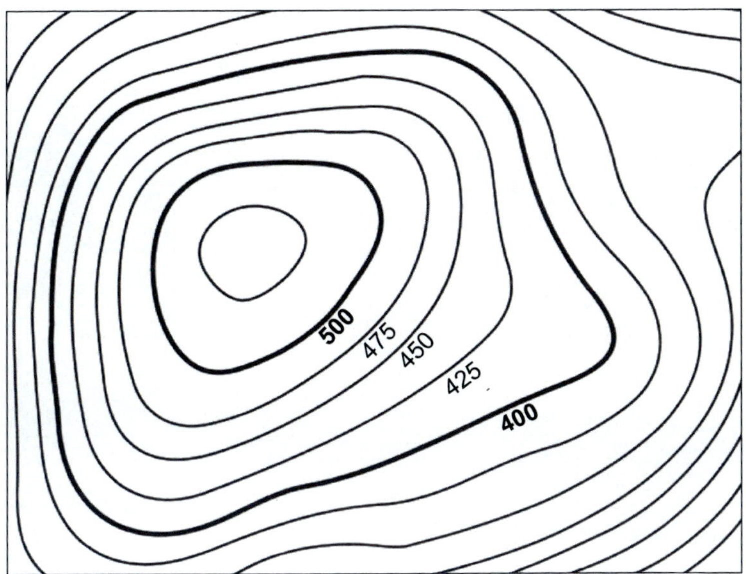

Landkarten lesen und verstehen lernen
Erste Erfahrungen im Umgang mit Karten sammeln – Bestell-Nr. 12 886
KOHL VERLAG

Beispiele von in der Karte benutzten Symbolen

– Linien werden auf vielfache Weise verwendet:

Grenze | Weg | Straße | Fluss

– wichtige Straßen, Eisenbahnstrecken etc. als Linienvariationen:

Bundesstraße | Autobahn | Tunnel | Eisenbahn | Deich

– Kreise und Quadrate für Städte:

Kleinstadt | Stadt | Großstadt

– der Natur nachempfundene Kennzeichnung von Naturflächen:

Laubwald

Nadelwald

Mischwald

Marschland

Sumpf/Moor

Wiese/Heide

– weitere Symbole, die häufig auf Landkarten benutzt werden:

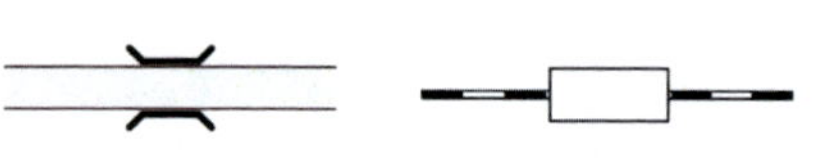
Brücke

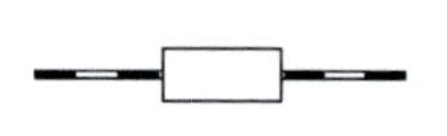
Bahnhof

Sportplatz

Hallenbad

Industrie

Flughafen

Hafen

Aussichtsturm

Tankstelle

Sendemast

Leuchtturm

Bergbau

Hotel

Kraftwerk

Schule

Burg/Schloss

Zeltplatz

Parkplatz

Gasthof

Krankenhaus

Freibad

KOHL VERLAG Landkarten lesen und verstehen lernen
Erste Erfahrungen im Umgang mit Karten sammeln – Bestell-Nr. 12 886

5 Karten lesen und verstehen

EA **Aufgabe 1:** *Füge die Symbole für die Fotos in die Felder ein.*

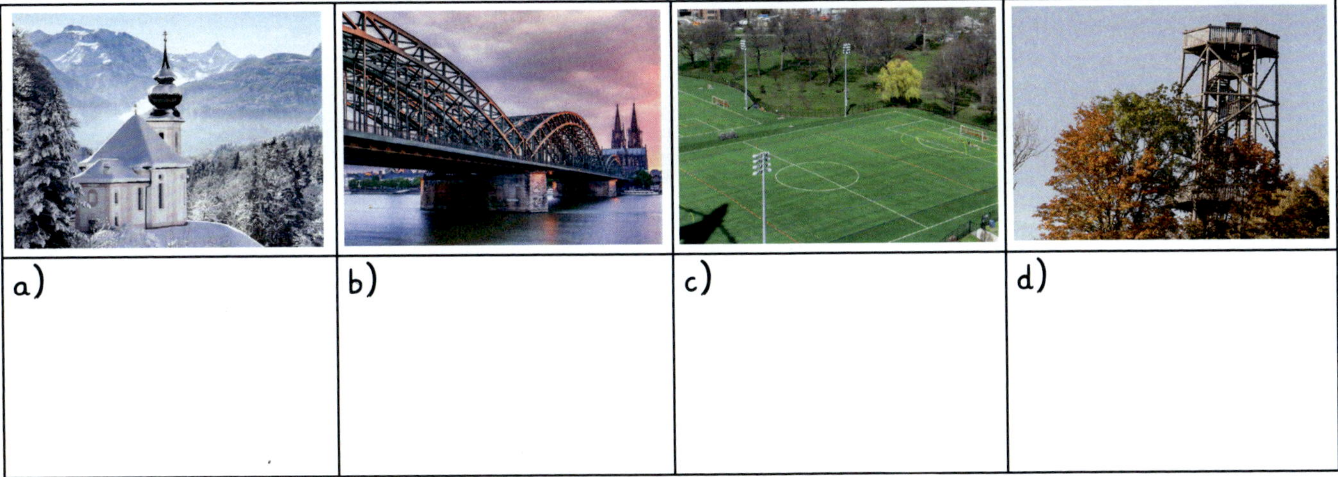

a)	b)	c)	d)

EA **Aufgabe 2:** *Was bedeuten die folgenden Symbole? Schreibe die Wörter darunter.*

a)	b)	c)	d)
e)	f)	g)	h)

EA **Aufgabe 3:** *Sven und Uli wollen heute Nachmittag mit ihren Fahrrädern zum Freibad fahren. Sie treffen sich an der Schule und fahren dann los.*
Nenne die jeweiligen landschaftlichen Besonderheiten, die sie auf ihrer Fahrradtour durchqueren bzw. an denen sie vorbeifahren.

KOHL VERLAG
Landkarten lesen und verstehen lernen
Erste Erfahrungen im Umgang mit Karten sammeln – Bestell-Nr. 12 886

5 Karten lesen und verstehen

EA **Aufgabe 4:** *Welches Bild gehört zu welchem Symbol? Verbinde mit Linien.*

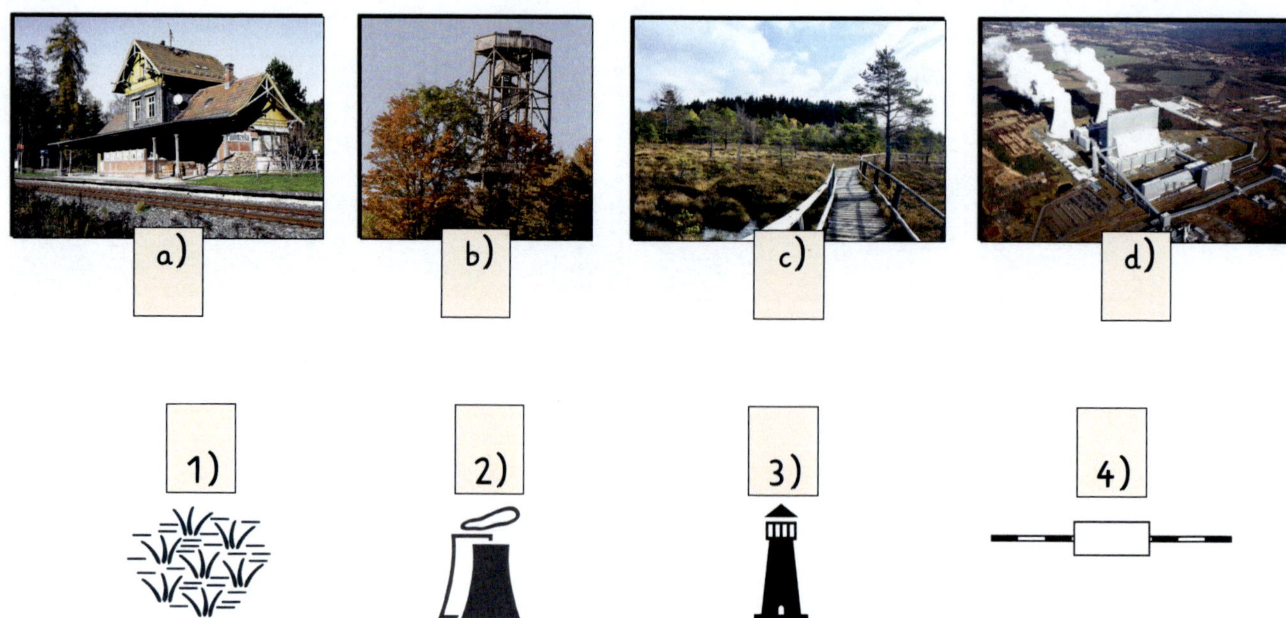

a)

b)

c)

d)

1)

2)

3)

4)

EA **Aufgabe 5:** *Sieh dir die Symbole auf der Karte an und schreibe dann die Wörter waagerecht in die Kästchen des Rätsels. Die hervorgehobenen Kästchen ergeben dann von oben nach unten das Lösungswort.*

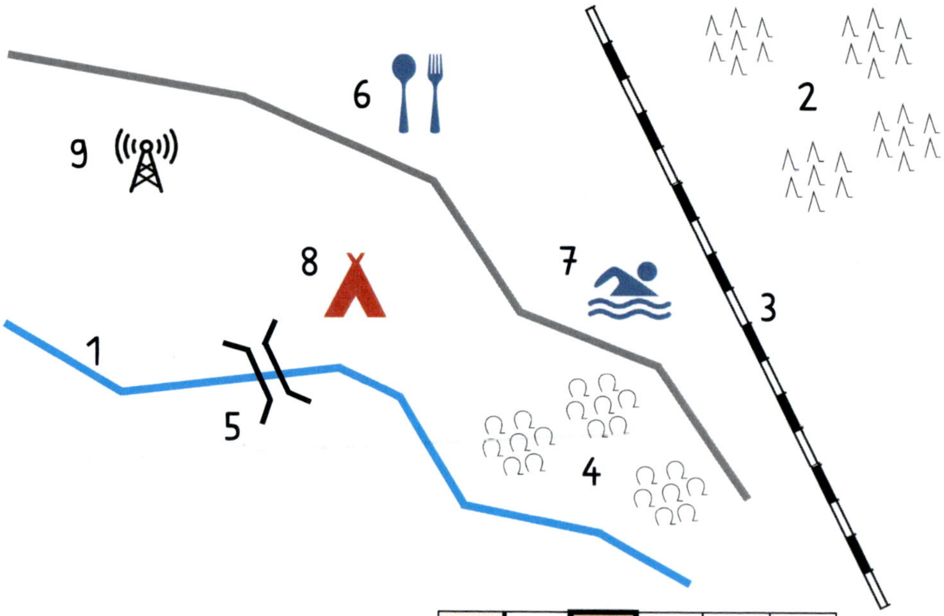
1
2
3
4
5
6
7
8
9

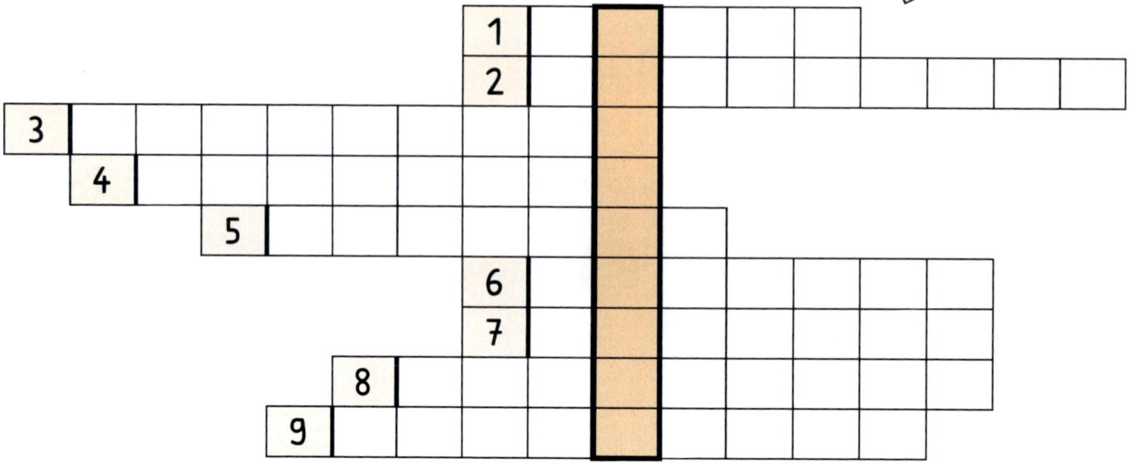
1
2
3
4
5
6
7
8
9

KOHL VERLAG
Landkarten lesen und verstehen lernen
Erste Erfahrungen im Umgang mit Karten sammeln ▪ Bestell-Nr. 12 886

6 Planquadrate und Symbole

Zuordnung – Buchstaben und Zahlen – Stadtplan

Pläne und Karten sind in der Regel in gleichgroße Kästchen unterteilt, die mit Buchstaben und Zahlen beschriftet sind – sie werden als Planquadrate bezeichnet. Planquadrate sind quadratische Flächen, die in topographischen Karten durch zwei benachbarte senkrechte und waagerechte Linien begrenzt werden.

Karten oder Pläne werden wegen der besseren Übersicht häufig in Planquadrate eingeteilt. Länder, Städte, Flüsse, Regionen, Gebirge, Berge, Straßen und andere Besonderheiten sind so schneller zu finden.

Planquadrate werden mit Buchstaben und Zahlen beschriftet. Jedes Quadrat hat eine genaue Bezeichnung am oberen Rand in Form von Großbuchstaben und am seitlichen Rand in Form von Zahlen. So ist jedes Planquadrat eindeutig gekennzeichnet und schnell auffindbar.

Beispiel für die Verwendung von Planquadraten

- Das grau gefärbte Planquadrat wird mit B2 bezeichnet, weil es in der Spalte B und in der Zeile 2 steht.
- Das Symbol des Leuchtturms befindet sich im Planquadrat F1, weil er in der Spalte F und in der Zeile 1 steht.
- Das Symbol des Mischwaldes liegt in den Planquadraten D3 und E3.
- Das Symbol des Gasthofes befindet sich im Planquadrat C5, weil der Gasthof in der Spalte C und in der Zeile 5 liegt.
- Die Eisenbahnstrecke verläuft durch die Planquadrate A4, B4, C4, D4, E4 und F4.
- Der Bahnhof befindet sich im Planquadrat E4.

	A	B	C	D	E	F
1						
2						
3						
4						
5						
6						

Landkarten lesen und verstehen lernen
Erste Erfahrungen im Umgang mit Karten sammeln – Bestell-Nr. 12 886

6 Planquadrate und Symbole

Aufgabe 1: *Füge die Symbole für die Fotos in die Felder ein.*

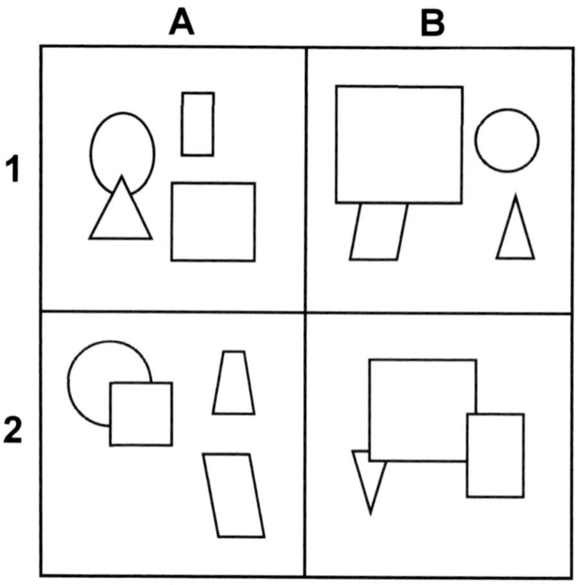

	A	B
1		
2		

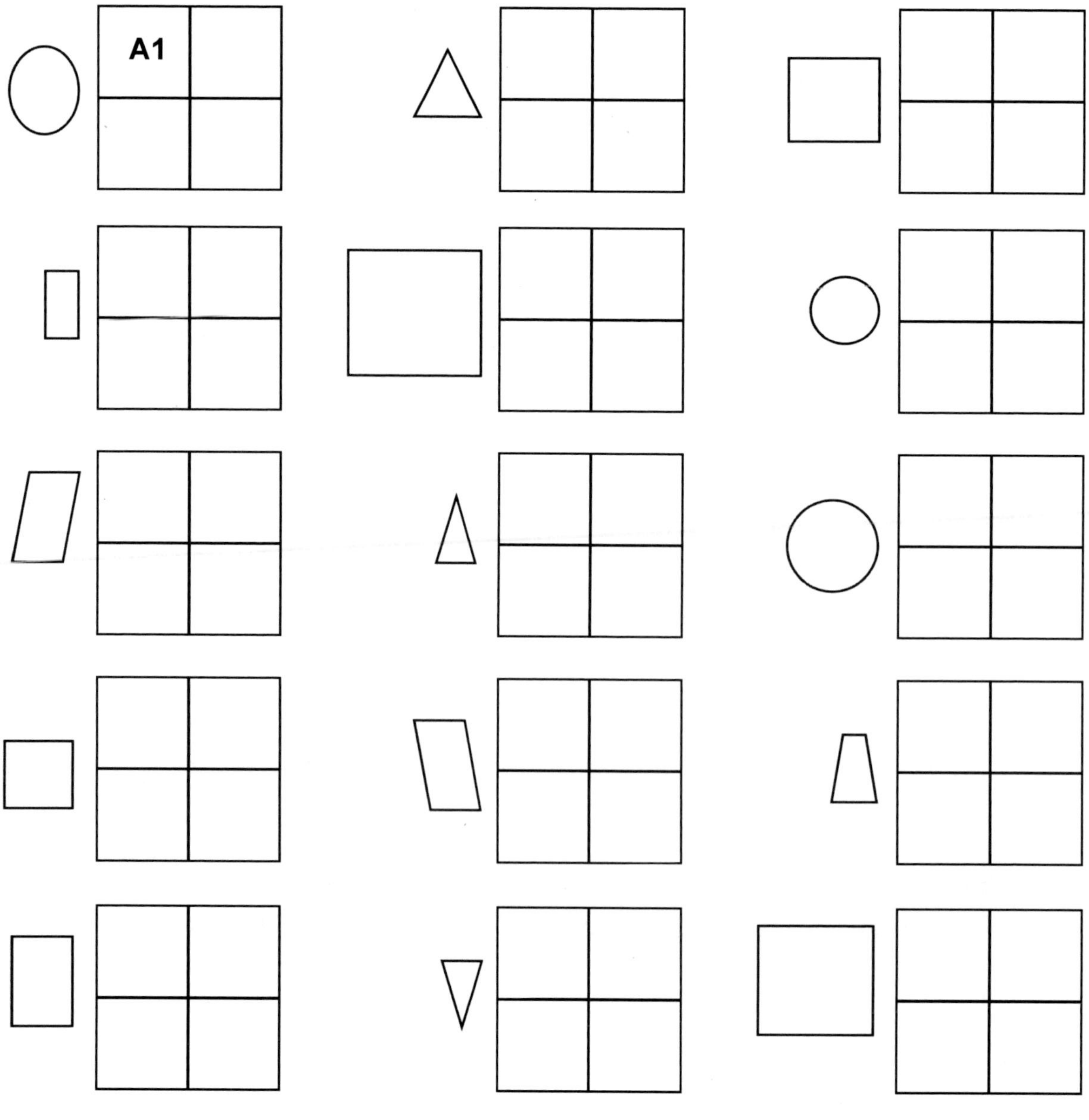

A1

KOHL VERLAG
Landkarten lesen und verstehen lernen
Erste Erfahrungen im Umgang mit Karten sammeln ■ Bestell-Nr. 12 886

6 Planquadrate und Symbole

Aufgabe 2: *Finde heraus, in welchen Planquadraten sich die Abbildungen befinden und trage das jeweilige Planquadrat in die Tabelle unten ein.*

	A	B	C	D	E	F
1						
2						
3						
4						
5						
6						

Haus			Kirche		
See			Zeltplatz		
Sportplatz			Freibad		
Leuchtturm			Bahnhof		
Aussichtsturm			Krankenhaus		

Landkarten lesen und verstehen lernen
Erste Erfahrungen im Umgang mit Karten sammeln – Bestell-Nr. 12 886
KOHL VERLAG

6 Planquadrate und Symbole

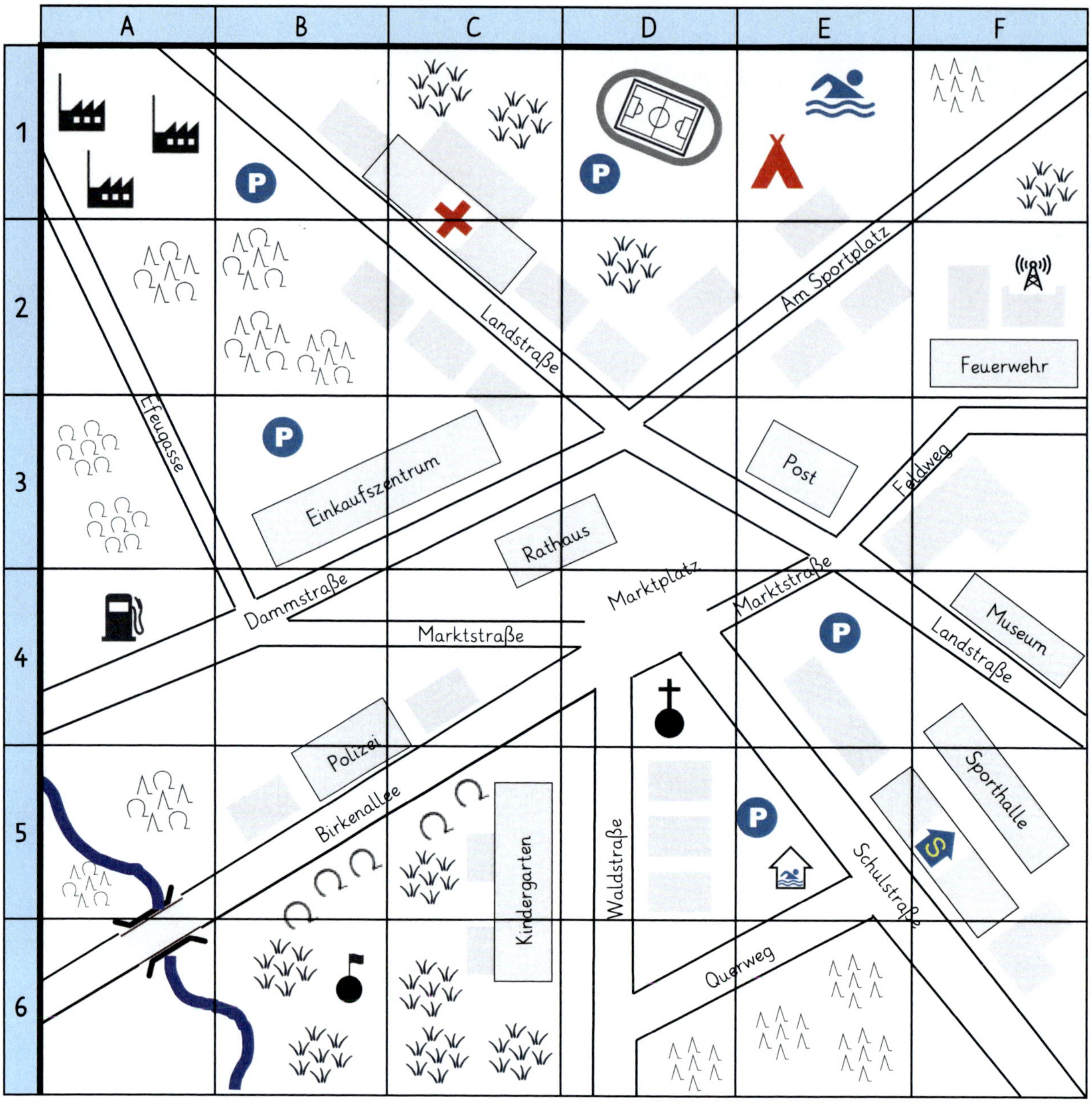

	A	B	C	D	E	F
1						
2						
3						
4						
5						
6						

Landstraße
Am Sportplatz
Feuerwehr
Efeugasse
Einkaufszentrum
Post
Feldweg
Rathaus
Marktplatz
Marktstraße
Dammstraße
Marktstraße
Museum
Landstraße
Polizei
Birkenallee
Kindergarten
Waldstraße
Sporthalle
Schulstraße
Querweg

	= Gebäude		= Parkplatz		= Krankenhaus
	= Hallenbad		= Wiese		= Brücke
	= Schule		= Nadelwald		= Kirche
	= Tankstelle		= Mischwald		= Freibad
	= Zeltplatz		= Schloss		= Industrie
	= Laubwald		= Sportplatz		= Sendemast

Aufgabe 3: *In welchen Planquadraten liegen .*

Rathaus		Einkaufszentrum		Hallenbad	
Kindergarten		Zeltplatz		Feuerwehr	

Aufgabe 4: *Durch welche Planquadrate verläuft die Landstraße?*

Landkarten lesen und verstehen lernen
Erste Erfahrungen im Umgang mit Karten sammeln – Bestell-Nr. 12 886
KOHL VERLAG

6 Planquadrate und Symbole

Aufgabe 5: *Zeichne die entsprechenden Symbole.*

Laubwald = B4 – C4	Gasthof = D5
Wiese = C1 – D1 – C2 – D2	Zeltplatz = E2 und C6
Burgruine = E5	Hotel = F4
Aussichtsturm = D4	Brücke = D3
Kraftwerk = A3	Flussverlauf = A2 – B2 – B3 – C3 – D3 – E3 – F3

	A	B	C	D	E	F
1						
2						
3						
4						
5						
6						

KOHL VERLAG
Landkarten lesen und verstehen lernen
Erste Erfahrungen im Umgang mit Karten sammeln – Bestell-Nr. 12 886

7 Wie kommen Berge auf die Karte?

Höhenlinien und Höhenschichten

In der Wirklichkeit – in der Natur – kann man Hügel, Berge, Gebirge, Ebenen und Täler gut erkennen. Auf Landkarten müssen Berge und Gebirge von den Kartenzeichnern (Kartografen) auf „flachem" Papier verständlich dargestellt werden.

Auf einer Landkarte kann man Geländeformen/die Oberflächengestalt nur mit Hilfsmitteln darstellen, dazu werden Höhenlinien und unterschiedliche Farben verwendet.

Vielleicht ist den Schülern schon mal aufgefallen, dass Berge und Gebirge auf den Karten in brauner Farbe und mit ovalen Linien gekennzeichnet sind. Diese ovalen Linien zeigen nicht nur die jeweilige Höhe der Bergschicht an, auch die Steigung und das Gefälle kann damit angezeigt werden.

Höhenlinien

Um Berge auf Landkarten darzustellen, zeichnet man Höhenlinien ein. Die Höhe der Berge bezieht sich immer auf den Meeresspiegel.[1] Karten sind nur zweidimensional, deshalb werden Höhenlinien verwendet, 1 um die Karte etwas räumlicher und anschaulicher darzustellen.

Eine Höhenlinie ist eine Linie auf der Landkarte, die eine gleiche Höhe über dem Meeresspiegel kennzeichnet. Höhenlinien verbinden alle Punkte, die die gleiche Höhe haben. Meistens sind mehrere Linien zu sehen, die unterschiedliche Höhen darstellen. Durch den Abstand der Höhenlinien zueinander wird der Verlauf des Reliefs veranschaulicht. Sind die Linien nah beieinander, ist das Gelände/der Hang steil – sind die Linien weiter auseinander, ist das Gelände/der Hang flacher.

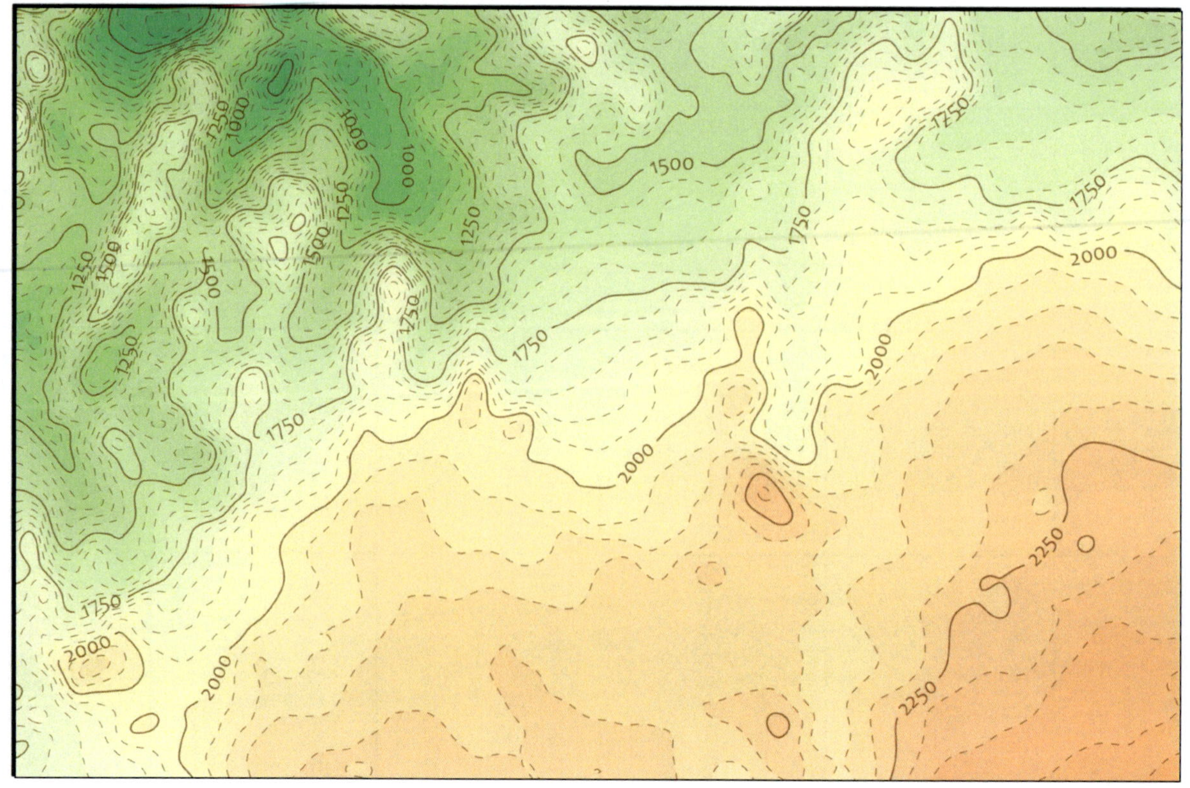

[1] Der Meeresspiegel ist die Oberfläche des Meeres. Einige Länder, auch Deutschland, schauen zur niederländischen Stadt Amsterdam. Dort wird „Normal Null" gemessen = „Normaal Amsterdams Peil".

KOHL VERLAG
Landkarten lesen und verstehen lernen
Erste Erfahrungen im Umgang mit Karten sammeln • Bestell-Nr. 12 886

7 Wie kommen Berge auf die Karte?

Höhenschichten

Auf vielen Landkarten sind keine Höhenlinien, sondern Höhenschichten in Form von mehrfarbigen Farbtonabstufungen dargestellt.

Die Farbtöne gehen dabei von dunkelgrün bis braun – je dunkler das grün ist, desto flacher ist das Gelände, je dunkler das braun ist, desto höher ist das Gelände / der Berg / das Gebirge. Die Einteilung der Höhenschichten kann individuell vorgenommen werden. Nach Eduard Imhof 2 gibt es eine Reihe von Grenzwerten, die fast immer benutzt werden, und zwar:

0 – 100 – 200 – 500 – 1000 – 2000 – 4000 m

Die sich dadurch ergebenden Schichten werden dann wie folgt den Farben zugeordnet:

0 - 100 m	dunkelgrün
100 - 200 m	hellgrün
200 - 500 m	gelb
500 - 1000 m	hellbraun
1000 - 1500 m	braun
über 1500 m	hellgrau (Eis)

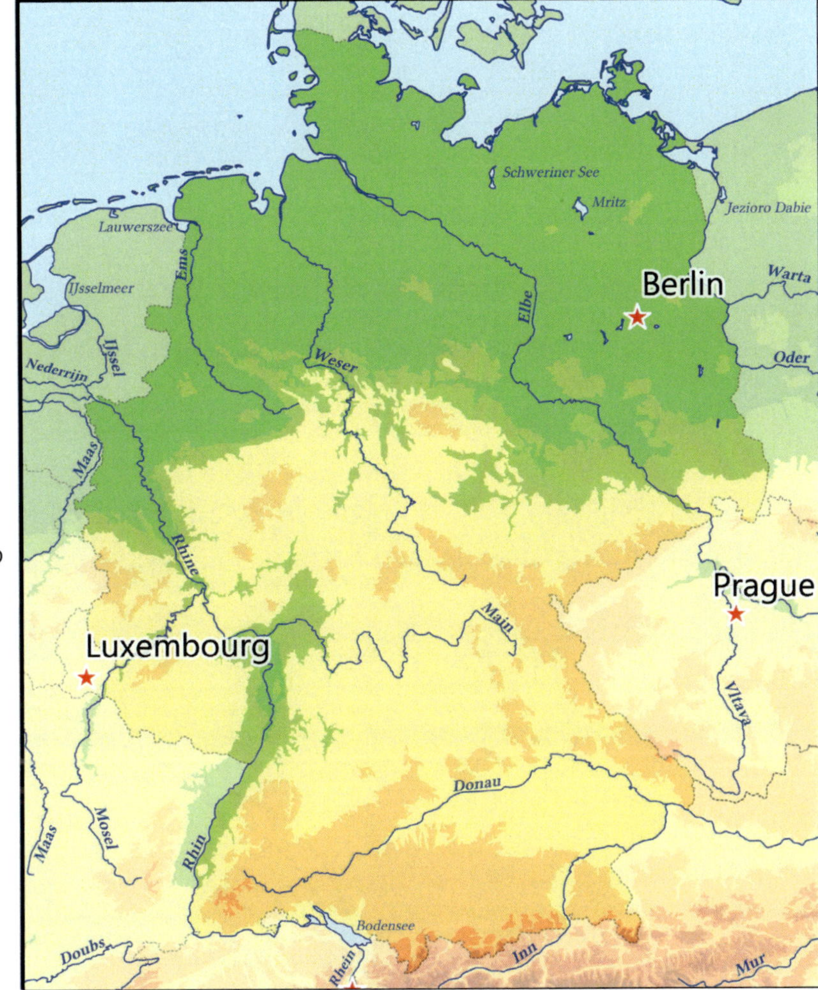

<u>Hinweise</u>:

– Für Karten mit großem Maßstab (z. B. 1:25.000) werden meistens Höhenlinien verwendet.
  Für Karten mit kleinem Maßstab (z. B. 1:1.000.000) werden eher Höhenschichten verwendet.

– Warum nennt man den Maßstab mit der größeren Zahl neben dem Doppelpunkt den kleineren Maßstab?
  Die Zahl besagt, dass auf dieser Karte eine Million Zentimeter (= 10 km) auf einen einzigen Zentimeter verkleinert wurden. Das ist eine starke Verkleinerung, viel stärker als wenn nur 25.000 cm auf einen Zentimeter verkleinert werden wie bei der anderen Karte.

<u>Merke</u>:

große Zahl neben „:" → kleiner Maßstab → stark verkleinert
(Es ist z. B. auf einer Deutschlandkarte ganz Deutschland zu sehen.)

kleine Zahl neben „:" → großer Maßstab → schwach verkleinert
(Es ist z. B. auf einem Stadtplan nur eine Stadt zu sehen.)

2 Eduard Imhof (* 25. Januar 1895 in Schiers; † 27. April 1986 in Erlenbach ZH) war ein Schweizer Kartograf

Landkarten lesen und verstehen lernen
Erste Erfahrungen im Umgang mit Karten sammeln – Bestell-Nr. 12 886
KOHL VERLAG

7 Wie kommen Berge auf die Karte?

Der gleiche Berg zweimal ...

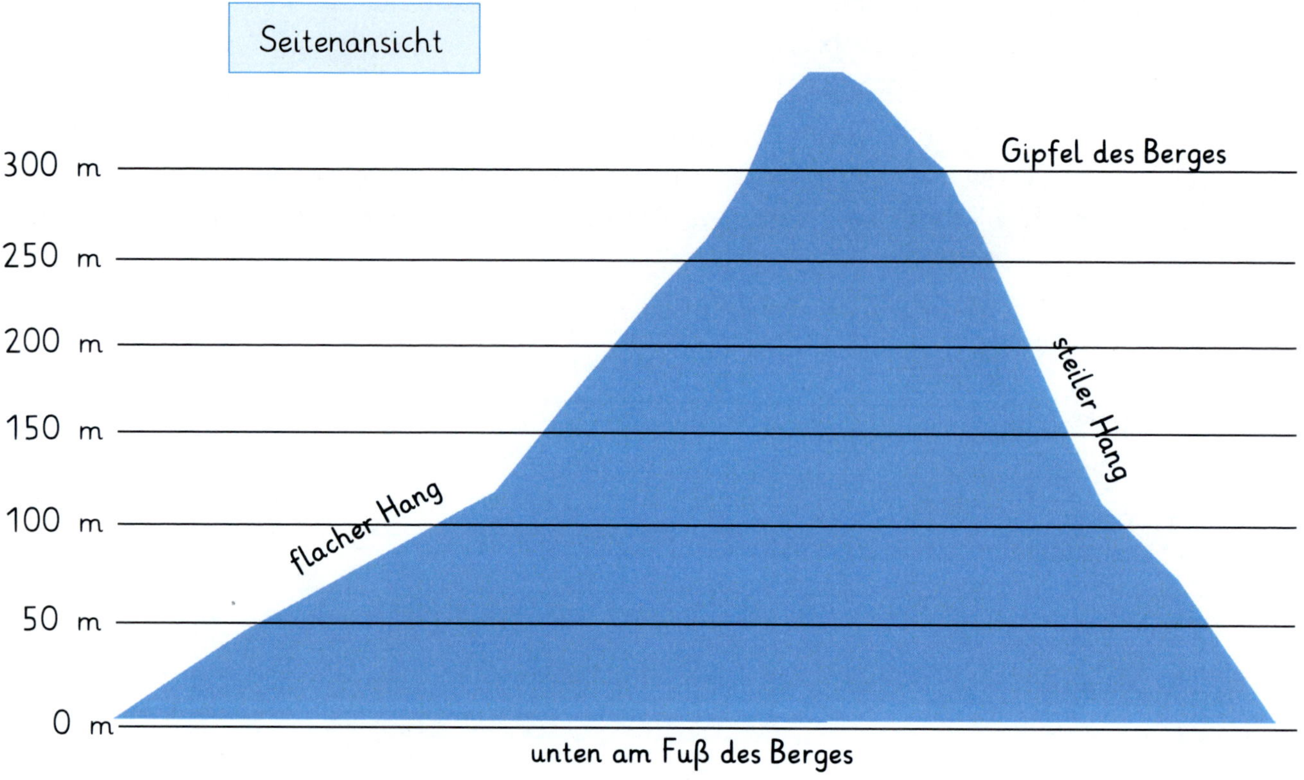

Mit so (oder ähnlich) – wie unten zu sehen – verlaufenden Höhenlinien wird der Berg auf einer Landkarte dargestellt:

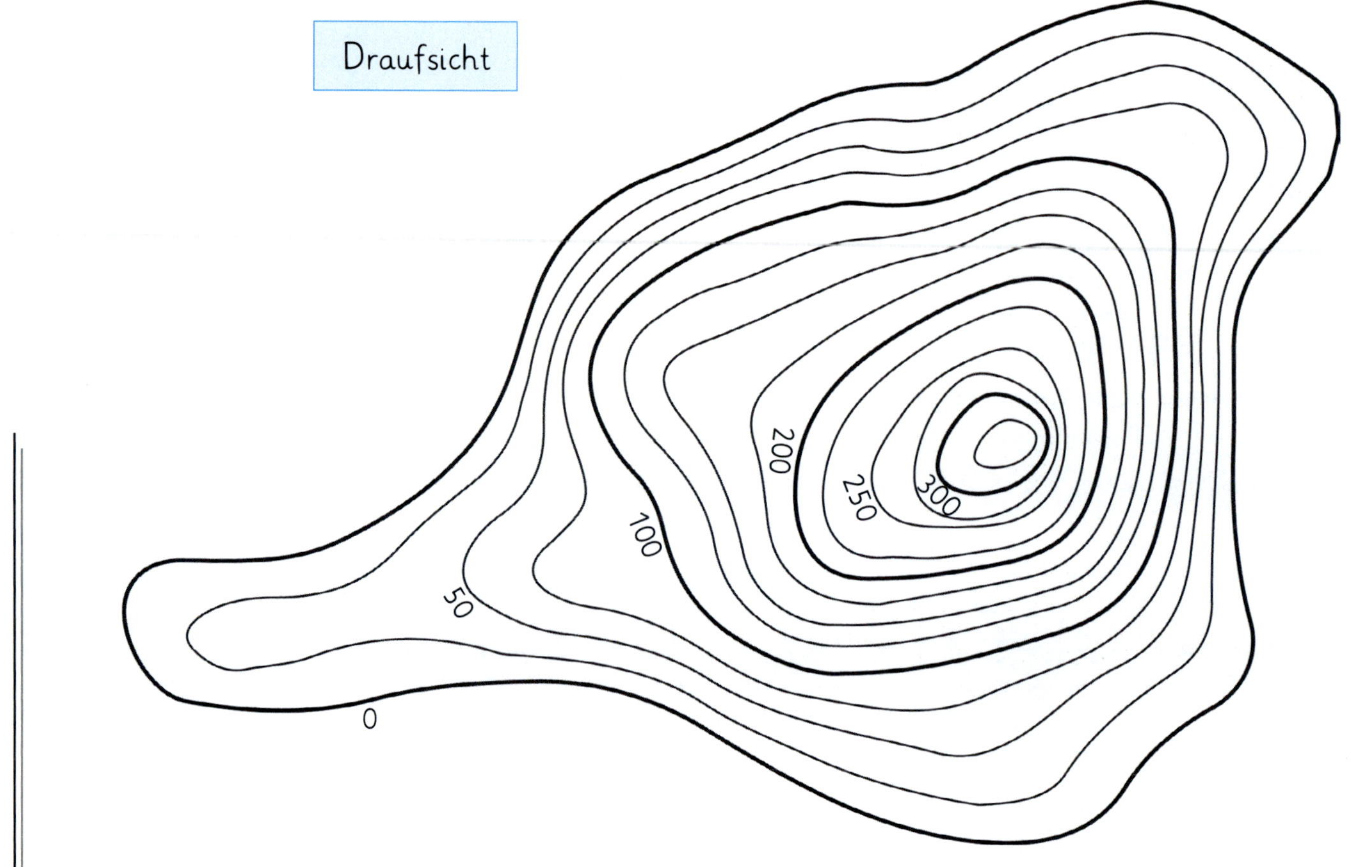

KOHL VERLAG
Landkarten lesen und verstehen lernen

7 Wie kommen Berge auf die Karte?

Aufgabe 1: *Füge die Begriffe an den richtigen Stellen ein.*

Gipfel des Berges – unten am Fuß des Berges – steiler Hang – flacher Hang

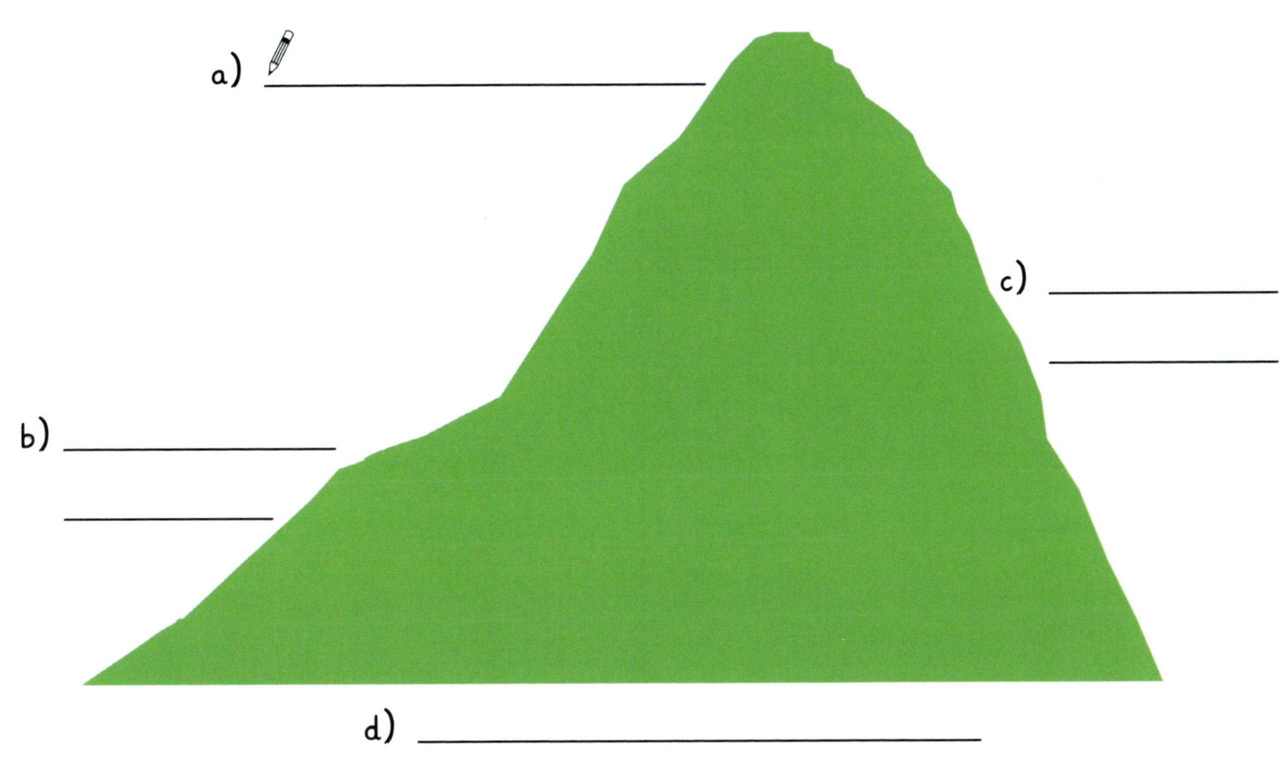

Aufgabe 2: *Welche Höhenlinien passen zu welchem Berg? Verbinde mit Linien.*

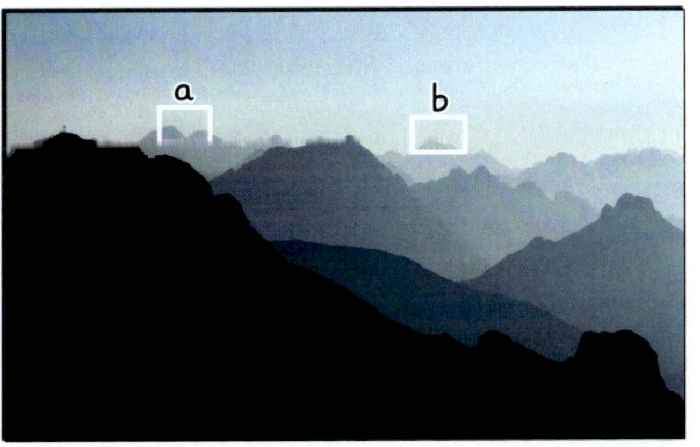

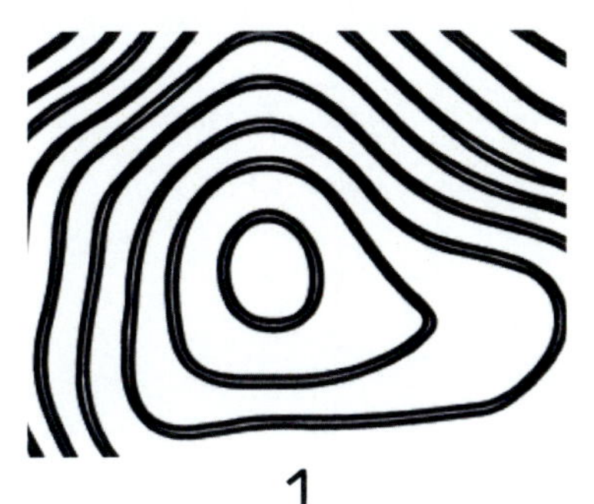

1

2

3

7 Wie kommen Berge auf die Karte?

EA **Aufgabe 3**: *Stelle den Berg in der Seitenansicht dar. Ziehe mit einem Lineal senkrechte Striche von den äußeren Seiten der Höhenlinien bis zum untersten waagerechten Strich (0 m). Markiere die Schnittpunkte mit den waagerechten Strichen mit schwarzen Punkten. Verbinde nun diese Schnittpunkte zur Seitenansicht des Berges.*

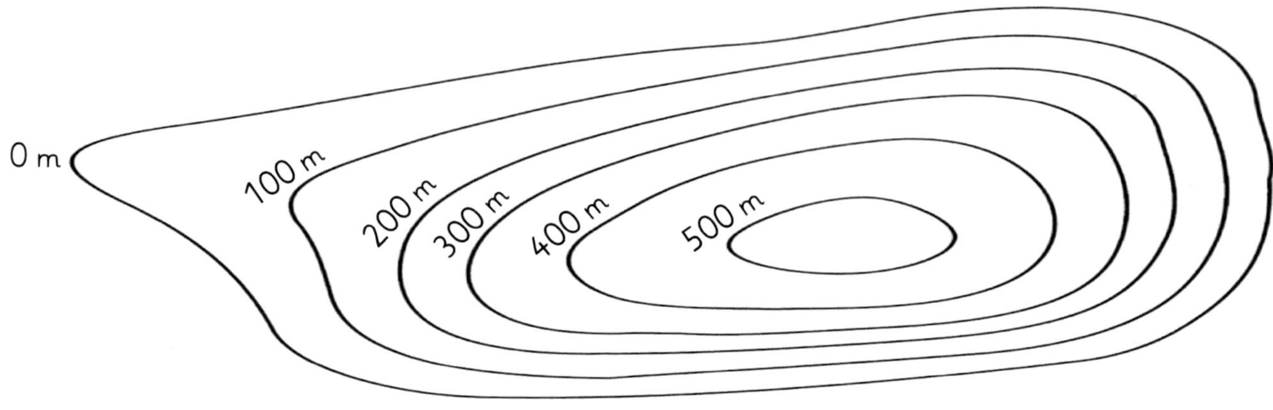

500 m ______________________________

400 m ______________________________

300 m ______________________________

200 m ______________________________

100 m ______________________________

0 m ______________________________

KOHL VERLAG
Landkarten lesen und verstehen lernen
Erste Erfahrungen im Umgang mit Karten sammeln ■ Bestell-Nr. 836

7 Wie kommen Berge auf die Karte?

Aufgabe 4:

Auf Karten werden die Höhenschichten (Gewässer, Tiefland, Mittel- und Hochgebirge) durch unterschiedliche Farben dargestellt.

Malt die Höhenschichten in den entsprechenden Farben an.

Höhenschicht	Farbe
über 1500 m	hellgrau (Eis)
1000 - 1500 m	braun
500 - 1000 m	hellbraun
200 - 500 m	gelb
100 - 200 m	hellgrün
0 - 100 m	dunkelgrün

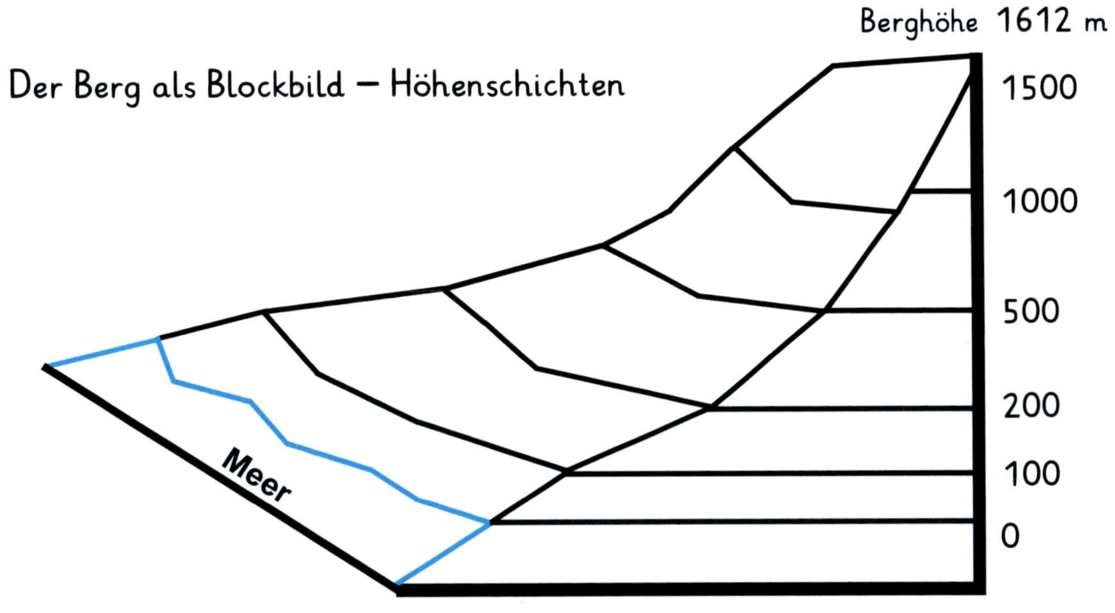

Aufgabe 5: *Wie hoch liegen die Burgruine, der Zeltplatz, der Parkplatz, das Gasthaus, der Aussichtsturm, der Tannenwald, der Laubwald und der Sendemast?*

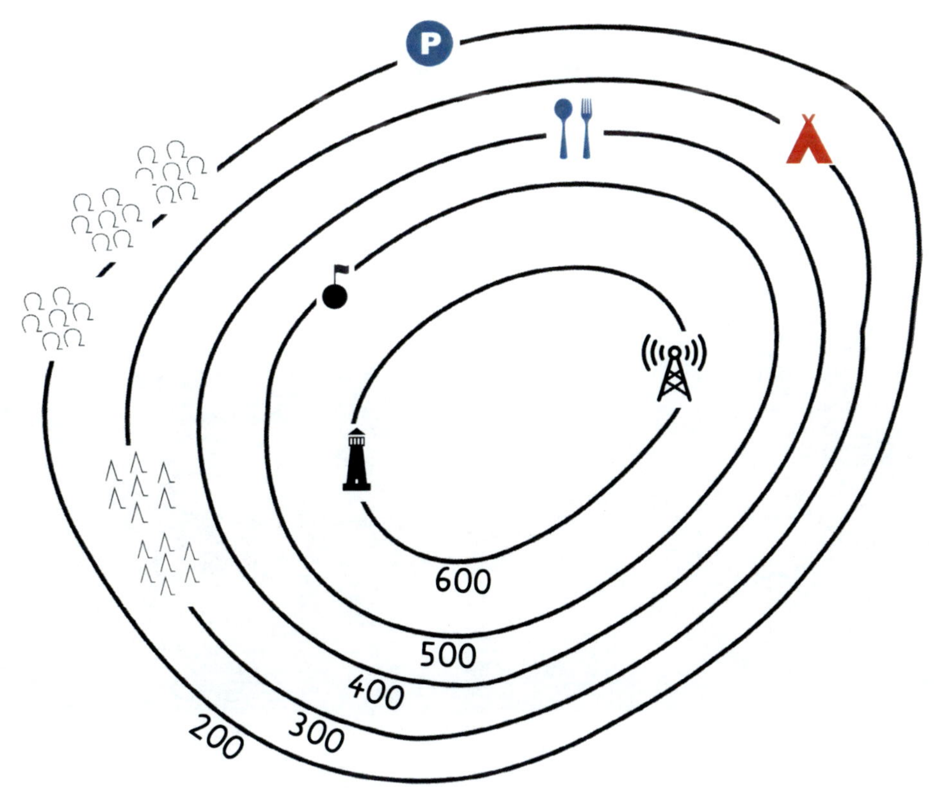

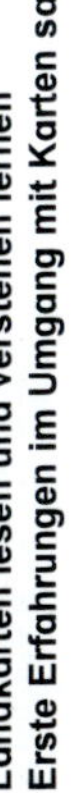

Landkarten lesen und verstehen lernen
Erste Erfahrungen im Umgang mit Karten sammeln – Bestell-Nr. 12 886

8 Von der Luftbildaufnahme zur Landkarte

Schrägluftbild – Senkrechtluftbild – Draufsicht – Karte

Um eine Karte zu erstellen, werden Fotos aus der Luft benötigt, die aus einem Flugzeug oder einem Heißluftballon aufgenommen werden. Das Luftbild ist eine fotografische Senkrechtaufnahme der Erdoberfläche aus der Vogelperspektive und dient als wesentliche Quelle zur Erstellung von Landkarten.

Senkrechtluftbild und Schrägluftbild

Je nach Aufnahmeperspektive unterscheidet man zwischen Senkrecht- und Schrägluftbildern. Der Unterschied zwischen diesen beiden Arten kann den Schülern auf einfache Weise in Form eines Tafelbildes veranschaulicht werden. Ein Flugzeug fliegt über einen aufzunehmenden Ausschnitt der Erdoberfläche – die Aufnahmeperspektiven werden durch entsprechende Linien eingezeichnet, sodass zwei Schrägluftbilder und ein Senkrechtluftbild entstehen.

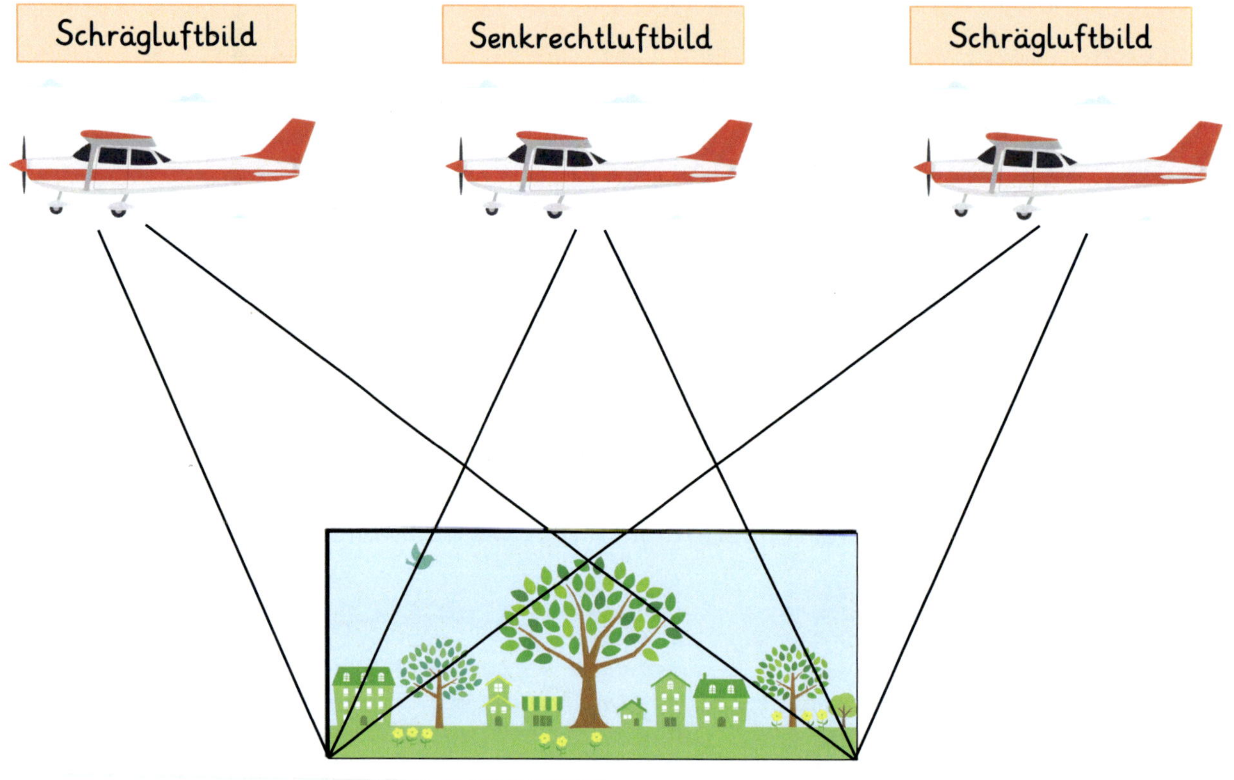

Senkrechtluftbild

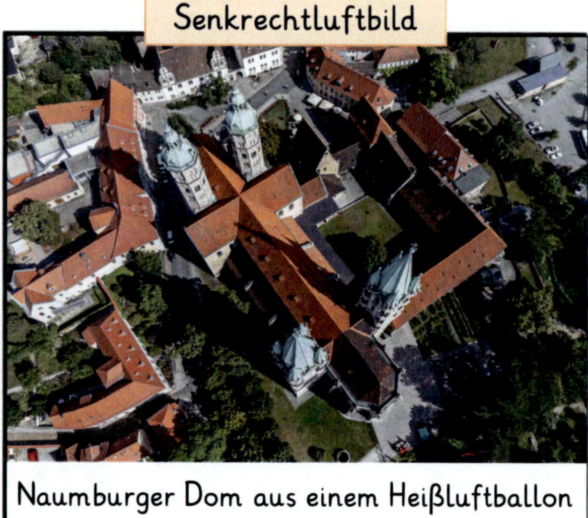

Naumburger Dom aus einem Heißluftballon

Schrägluftbild

Gifhorn – Niedersachsen

KOHL VERLAG
Landkarten lesen und verstehen lernen
Erste Erfahrungen im Umgang mit Karten sammeln – Bestell-Nr. 12 886

8 Von der Luftbildaufnahme zur Landkarte

Häuser, Straßen und Bäume und andere Objekte werden von oben herab betrachtet – man schaut drauf. In der Draufsicht erkennt man zum Beispiel von Häusern nur noch das Dach und den Umriss. Bei Bäumen erkennt man das Kronendach, bei Flüssen und Straßen den Verlauf usw. Die folgende Abbildung ähnelt solch einer Luftbildaufnahme und zeigt den Ausschnitt einer Siedlung. Man erkennt die Straßen, die Häuser, den Fluss, die Bäume, den Sportplatz, die Brücke usw.

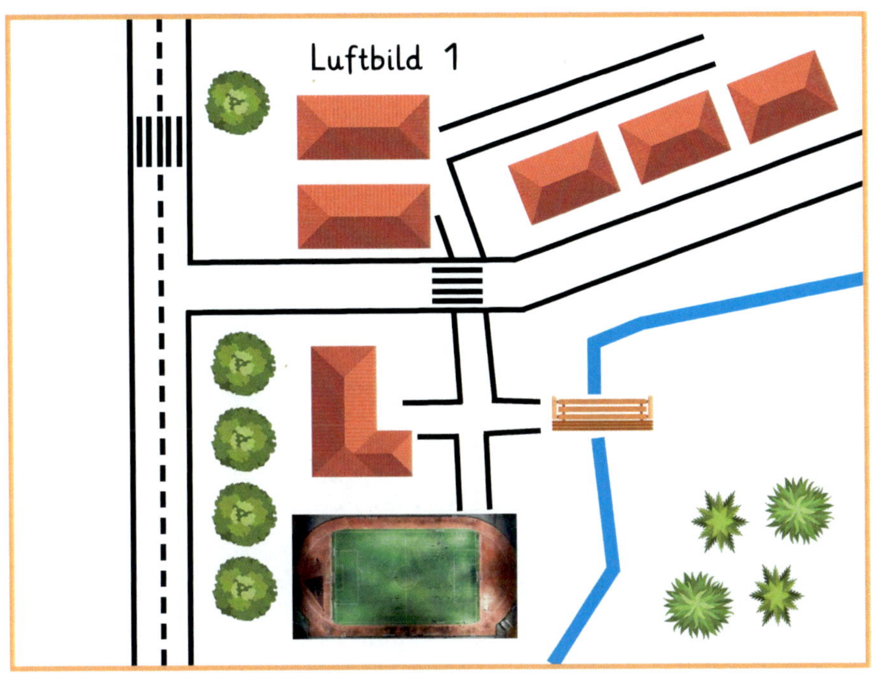

Aufgrund dieses Luftbildes wird dann eine Landkarte angefertigt. Die Objekte werden nun durch Symbole vereinfacht und verständlich dargestellt.

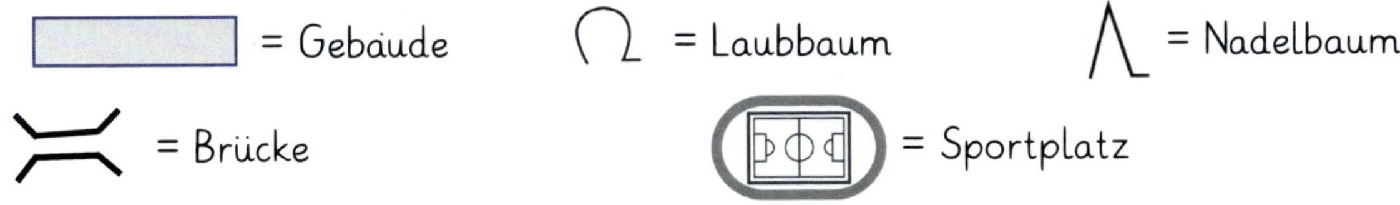

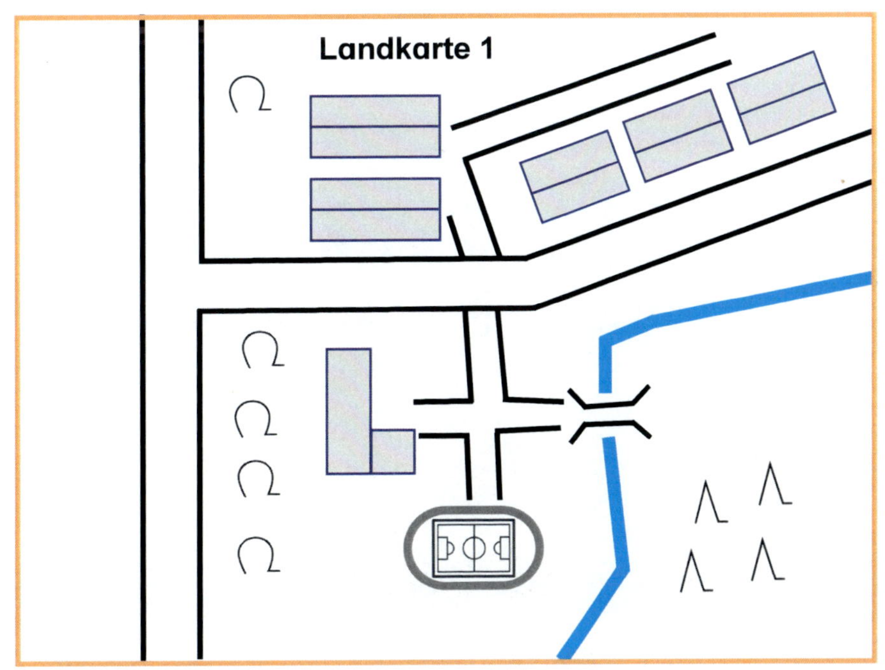

KOHL VERLAG
Landkarten lesen und verstehen lernen
Erste Erfahrungen im Umgang mit Karten sammeln – Bestell-Nr. 12 886

8 Von der Luftbildaufnahme zur Landkarte

Wenn man aus der Gondel eines Heißluftballons oder wie ein Mäusebussard von oben auf etwas drauf schaut, dann heißt diese Sichtweise Vogelperspektive, Vogelsicht oder auch **Draufsicht**.

Wie leicht zu sehen ist, handelt es sich bei dem Luftbild im Beispiel um ein Senkrechtluftbild.

Hierzu noch ein Beispiel.

Luftbild 2

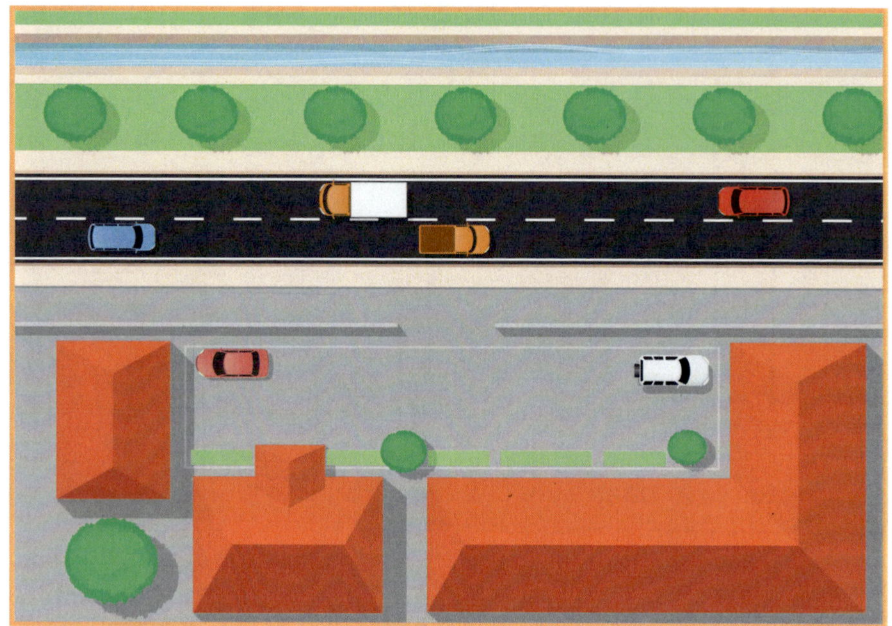

Landkarte 2

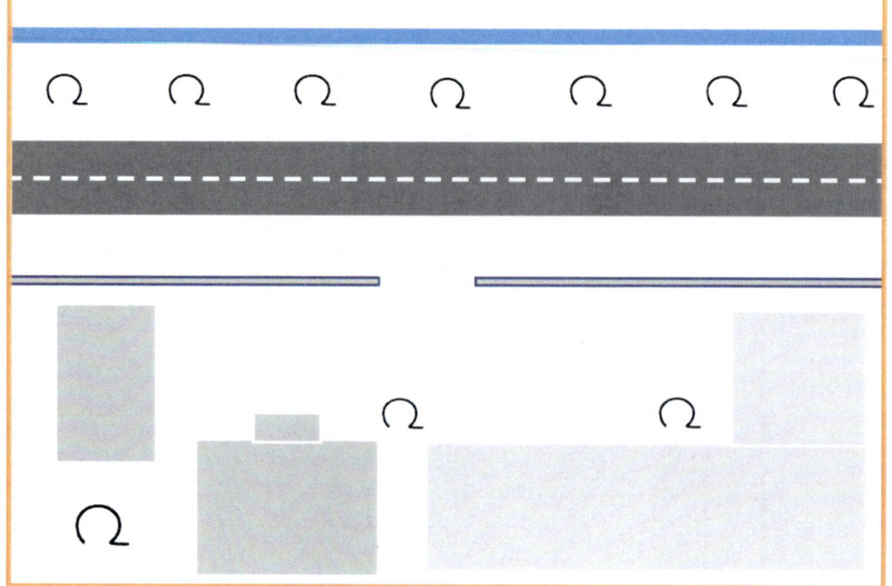

8 Von der Luftbildaufnahme zur Landkarte

Aufgabe 1: *Füge die fehlenden Symbole an den richtigen Stellen ein.*

Landkarte 1

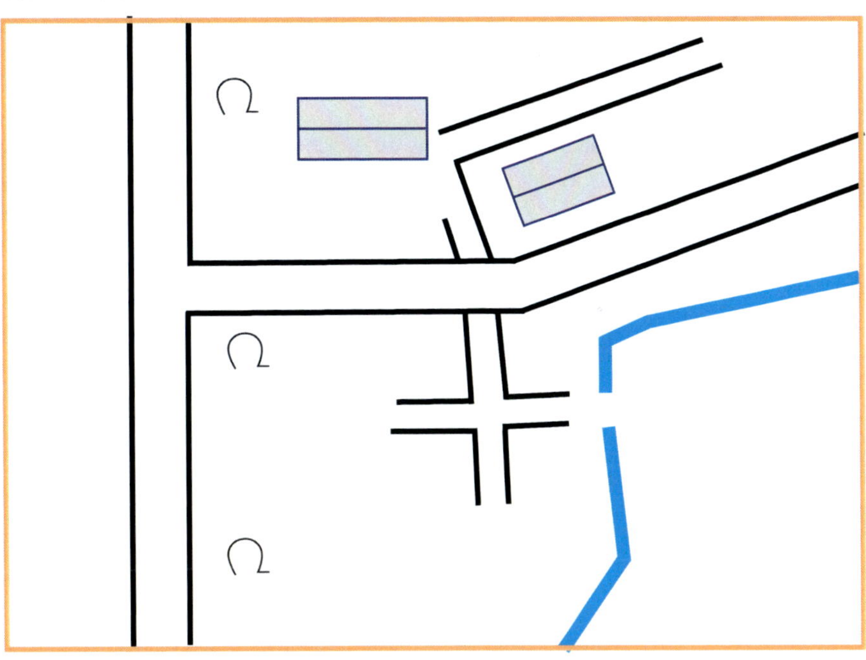

Aufgabe 2: *Füge die Haupthimmelsrichtungen auf der Landkarte 1 ein und beschreibe den Verlauf der Hauptverkehrsstraße in dein Heft/deinen Ordner.*

Aufgabe 3: *Ergänze die Landkarte. Trage bei jeder Nummer das entsprechende Symbol ein.*

1 = Laubwald / 2 = Brücke / 3 = Burg / 4 = Zeltplatz / 5 = Sportplatz / 6 = Freibad / 7 = Sumpf / 8 = Tannenwald

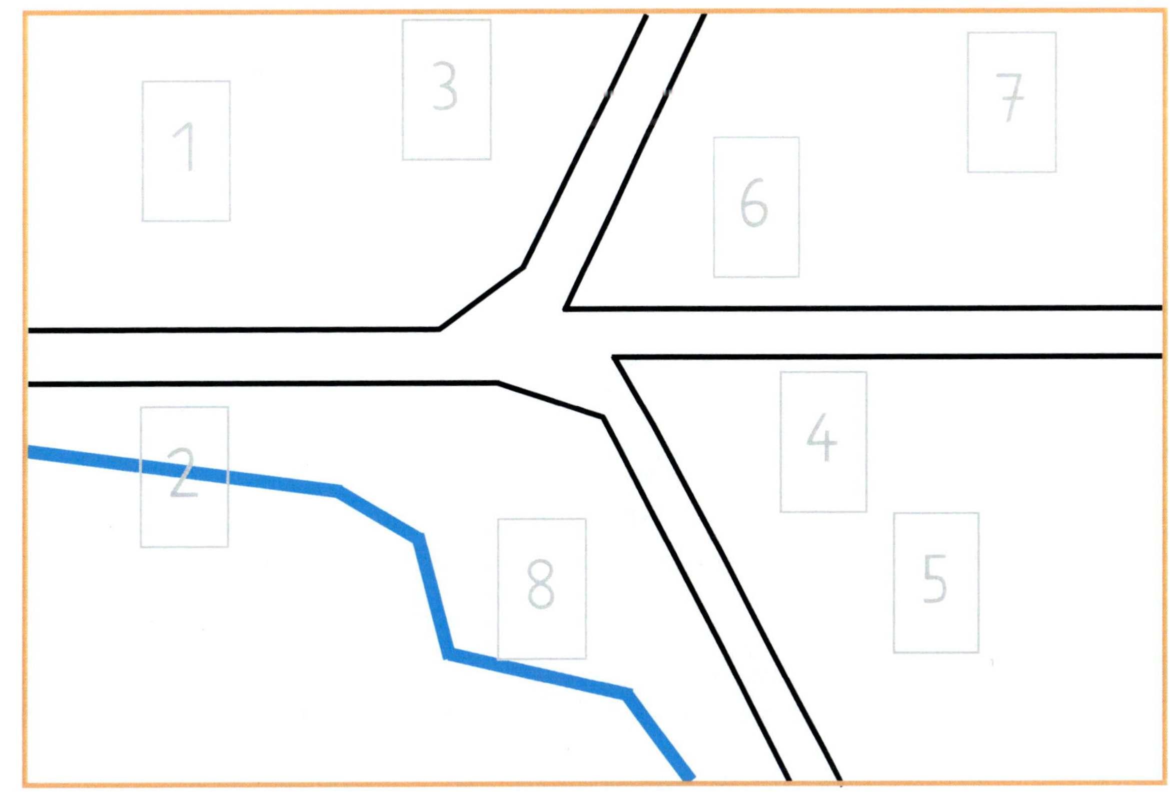

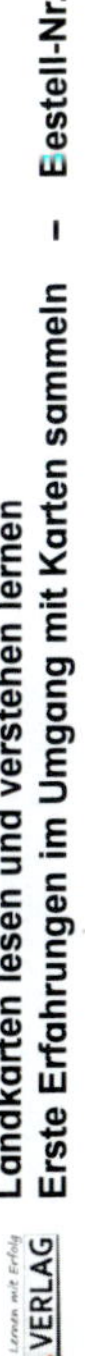

9 Wozu braucht man Himmelsrichtungen?

Haupt- und Nebenhimmelsrichtungen – Windrose

Das Thema „Himmelsrichtungen" ist ein fester Bestandteil im Sachunterricht der Grundschule. Dabei werden u. a. folgende Fragen beantwortet:

- Wozu braucht man Himmelsrichtungen?
- Wie viele Himmelsrichtungen gibt es?
- Wie kann man die Himmelsrichtungen bestimmen (erkennen)?

Himmelsrichtungen wurden festgelegt, um sich auf der Erde besser orientieren zu können. Entdecker und Seefahrer haben sich an der Sonne und den Sternen orientiert und fanden heraus, dass sie mithilfe der Sonne und der Sterne die Himmelsrichtungen bestimmen konnten.

Es gibt die 4 Haupthimmelsrichtungen „**Norden – Osten – Süden – Westen**" und dazwischen noch die 4 Nebenhimmelsrichtungen:

- **Nordosten** zwischen Norden und Osten,
- **Südosten** zwischen Osten und Süden,
- **Südwesten** zwischen Süden und Westen,
- **Nordwesten** zwischen Westen und Norden.

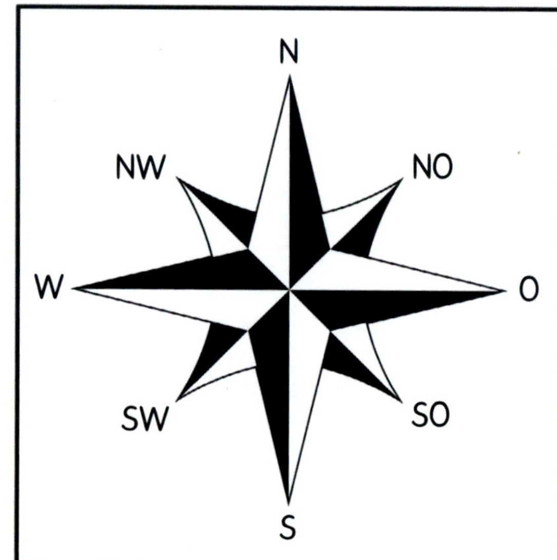

Die Haupthimmelsrichtungen werden an der sogenannten „Windrose" anschaulich dargestellt. Eine Windrose ist eine sternförmige Darstellung der Himmelsrichtungen. Meist hat eine Windrose 4 mit den Anfangsbuchstaben **N – O – S – W** versehene Zacken, von denen jeweils einer nach Norden, Osten, Süden und Westen zeigt. Manchmal sind Windrosen noch genauer und weisen kleinere Zacken für die Nebenhimmelsrichtungen auf.

Wie kann man sich die Himmelsrichtungen merken?

Beginnt man oben im Norden, kann man sich die Himmelsrichtungen im Uhrzeigersinn merken: Norden – Osten – Süden – Westen. Oder man merkt sich diesen Spruch:

Schon bei der Orientierung im Nahraum (in der Stadt, bei einer Wanderung) ist es von Vorteil, Norden, Osten, Süden und Westen zuordnen zu können. Himmelsrichtungen braucht man beim Lesen und Verstehen von Landkarten, für Wettervorhersagen, für Navigationsgeräte und für die Zuordnung von Gebieten, Regionen und Orten (z. B. Norddeutschland und Süddeutschland).

Heutige moderne Landkarten sind in der Regel „genordet".

Das bedeutet: **Norden ist immer oben.**

KOHL VERLAG
Landkarten lesen und verstehen lernen

9 Wozu braucht man Himmelsrichtungen?

Man hört Himmelsrichtungen häufig im Wetterbericht („nachts mäßige Brise aus Süd-West") oder findet sie als Pfeile auf der Wetterkarte dargestellt. Dabei sagt der Name des Windes aus, woher der Wind kommt, aber die Spitze des Pfeils zeigt in die Richtung, wohin der Wind weht.

Beispiele:

„Westwind": Der Wind kommt aus Westen und weht nach Osten.

„Ostwind": Der Wind kommt aus Osten und weht nach Westen.

Im Alltag denkt man bei der Nennung von Himmelsrichtungen auch an bestimmte Gegenden und Regionen. Der Süden Deutschlands heißt deshalb Süddeutschland und man meint damit die Länder Baden-Württemberg und Bayern. Der Norden Deutschlands heißt deshalb Norddeutschland. Damit wird die Nähe zur Nord- und Ostsee deutlich. Dazu gehören die Länder Schleswig-Holstein, Hamburg, Mecklenburg-Vorpommern, Niedersachsen und Bremen.

Norden
Nie

Westen
waschen

Osten
ohne

Süden
Seife

Weitere Beispiele:

Mit „dem Westen" meint man auch Europa und Nordamerika, bei „im Osten" denkt man vor allem an Russland und Asien. China und Japan liegen im „fernen Osten".

Heute orientieren wir uns mithilfe von GPS – das steht für „Global Positioning System" (auf Deutsch: Globales Positionsbestimmungssystem) und beschreibt die Orientierung mittels Satellitenortung. Mit dem amerikanischen GPS-System kann man aktuelle Positionen weltweit auf wenige Meter genau bestimmen. Dieses GPS ist weltweit das wichtigste Ortungsverfahren und wird deshalb in Navigationssystemen im Straßenverkehr, in der Luft- und Seefahrt verwendet.

Landkarten lesen und verstehen lernen
Erste Erfahrungen im Umgang mit Karten sammeln – Bestell-Nr. 12 886
KOHL VERLAG

9 Wozu braucht man Himmelsrichtungen?

Die Himmelsrichtungen in der freien Natur

Mit dem folgenden Merksatz kann man auch die Himmelsrichtungen bestimmen:

Im Osten geht die Sonne auf,
im Süden nimmt sie ihren Lauf,
im Westen wird sie untergehen,
im Norden ist sie nie zu sehen.

Weitere Hinweise in der Natur auf die Himmelsrichtungen:

- Freistehende Bäume sind meistens nach Osten geneigt, weil der Wind bei uns in der Regel aus Westen kommt.
- An Baumstämmen und Steinmauern ist die Vermoosung an der Wetterseite also im Westen, stärker.
- Bäume haben an der Nordseite häufig weniger Zweige.
- Ameisenhaufen findet man öfter auf der Südseite von Bäumen.
- Bei alten Kirchen steht der Turm auf der Westseite und der Altar befindet sich auf der Ostseite.

Auch mit der Uhrzeit und unter Berücksichtigung des Sonnenstandes kann die Himmelsrichtung in etwa bestimmt werden. Für Deutschland gilt zu jeder Jahreszeit:

- Früh morgens sieht man die Sonne im Osten (= Sonnenaufgang).
- So gegen 9:30 Uhr steht die Sonne im Südosten.
- Mittags um 12 Uhr (bei Sommerzeit um 13 Uhr) steht sie im Süden (= höchster Stand).
- Danach geht es am Himmel wieder abwärts in Richtung Westen. Um 15:30 Uhr steht die Sonne etwa im Südwesten.
- Der Sonnenuntergang findet im Westen statt, wenn die Sonne hinter dem Horizont verschwindet.

Schatten und Himmelsrichtungen

Der Schatten eines Baumes fällt immer in die dem Sonnenstand entgegengesetzte Richtung.

- Frühmorgens fällt ein langer Schatten des Baumes nach Westen (siehe Bild).

- Mittags fallen kurze Schatten nach Norden.
- Abends fallen lange Schatten nach Osten.

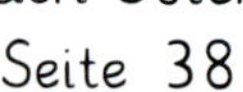

Landkarten lesen und verstehen lernen
KOHL VERLAG

9 Wozu braucht man Himmelsrichtungen?

Aufgabe 1: *Sieh dir die Windpfeile an. Wie heißt jeweils der Wind?*

a) ______________________ b) ______________________

c) ______________________ d) ______________________

Aufgabe 2: *Trage die Himmelsrichtungen in die Windrose ein.*

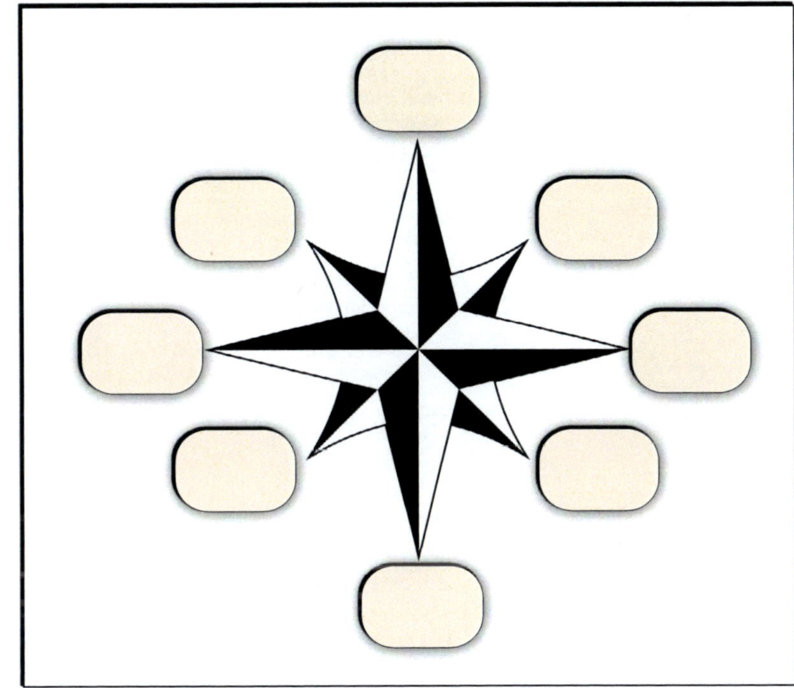

Aufgabe 3: a) *Wo liegen die folgenden Bundesländer in Deutschland? Nenne jeweils die Himmelsrichtung.*

Sachsen	Saarland	Nordrhein-Westfalen	Rheinland-Pfalz

b) *Nenne die Nachbarländer Deutschlands.*

im Osten	im Südosten	im Norden	im Süden

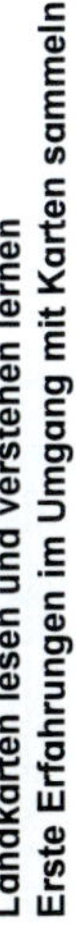
Landkarten lesen und verstehen lernen
Erste Erfahrungen im Umgang mit Karten sammeln – Bestell-Nr. 12 886
KOHL VERLAG

9 Wozu braucht man Himmelsrichtungen?

EA **Aufgabe 4:** *Du siehst hier eine Karte von Nordrhein-Westfalen. Füge die Himmelsrichtungen auf der Karte an den richtigen Stellen ein.*

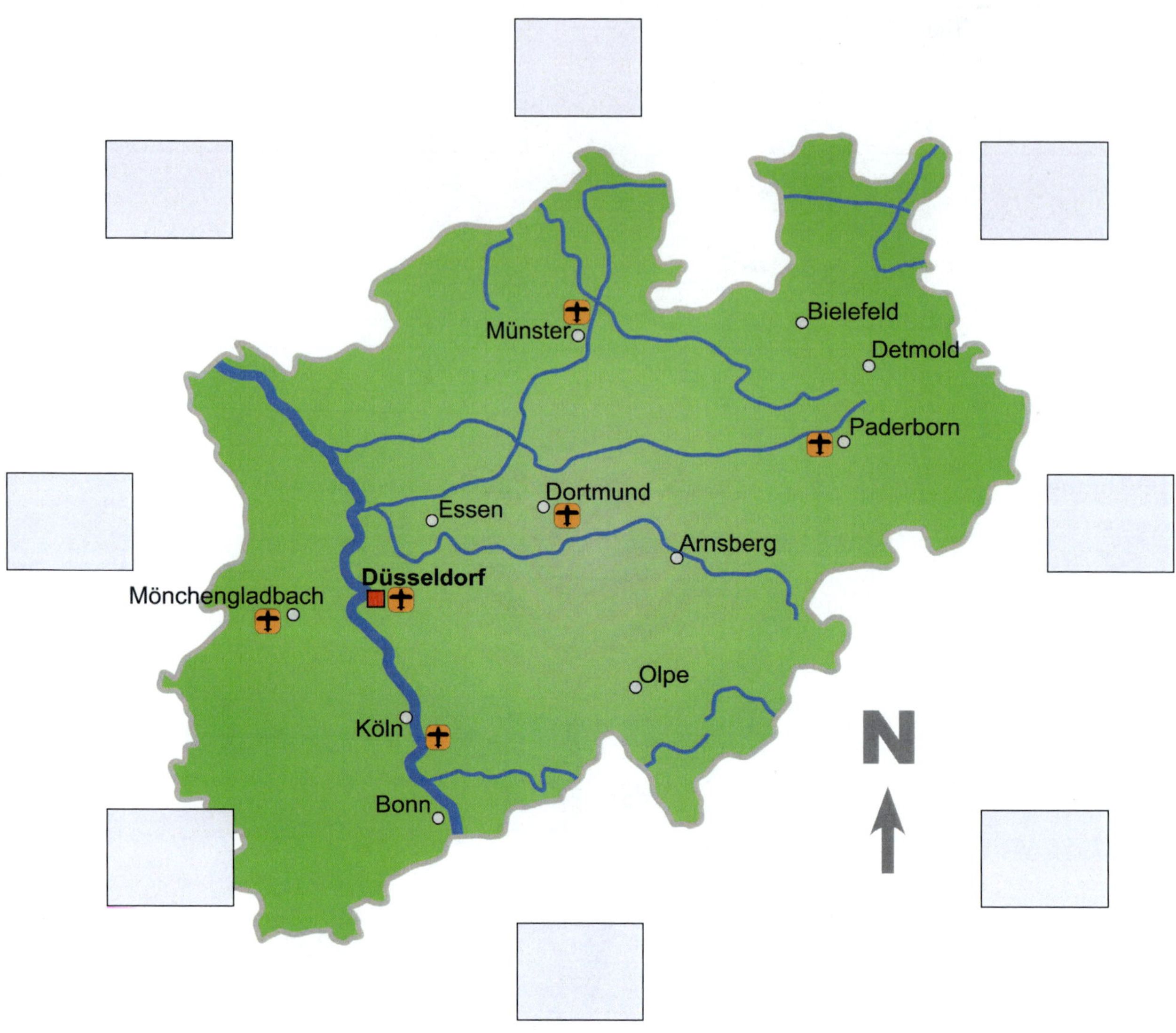

EA **Aufgabe 5:** *Ergänze die Angaben durch die entsprechenden Himmelsrichtungen.*

Mönchengladbach liegt im ______________ von Nordrhein-Westfalen.

Bielefeld liegt im ______________ von Nordrhein-Westfalen.

Münster liegt im ______________ von Nordrhein-Westfalen.

Bonn liegt im ______________ von Nordrhein-Westfalen.

Der Rhein fließt in ______________ -Richtung durch Nordrhein-Westfalen.

Die Lippe fließt in ______________ -Richtung durch Nordrhein-Westfalen.

Landkarten lesen und verstehen lernen
KOHL VERLAG

10 Maßstab verstehen und anwenden

Zahlenverhältnis – Maßstabsleiste – großer und kleiner Maßstab – Maßstab umrechnen

Kinder und Jugendliche begegnen bzw. beschäftigen sich bewusst oder unbewusst mit dem Maßstab, z. B. in Ausschnitten auf dem Navigationsgerät oder Routenplaner, Darstellungen auf dem Computer, in Stadtplänen und Straßenkarten etc.

Immer dann, wenn größere Gegenstände oder Gebiete dargestellt werden sollen, muss man sie verkleinern, weil sie sonst nicht auf ein DIN A4 Blatt oder ein größeres Papierformat passen. Landkarten geben die Wirklichkeit in verkleinerter Größe wieder. Die Wirklichkeit, das sind die Straßen, die Städte, die Flüsse, die Eisenbahnlinien, die Wälder, die Grenzen, die Gebirge usw.

Das Maß der Verkleinerung zwischen Wirklichkeit und Karte wird dabei durch den Maßstab angegeben. Hier gibt es zwei Möglichkeiten:

1. Eine **Maßstabsleiste** wird abgebildet, z. B.: 0 ––––– 5km

   An der Maßstabsleiste kann man direkt abmessen, welche Strecke auf der Karte der dort angegebenen Länge (im Beispiel 5 km) in der Wirklichkeit entspricht.

2. Das **Zahlenverhältnis** wird angegeben, z. B.: 1:100.000

   In dem Falle ist leider etwas Rechenaufwand zu leisten, hierzu später.

Kinder an den *Maßstab* heranführen

Der richtige Umgang mit dem Maßstab ist ein recht kompliziertes Thema, zumal es viel mit Mathematik zu tun hat. Das stellt die Schüler immer vor mehr oder weniger große Herausforderungen, weil sie Umrechnungen von den Strecken auf der Karte in reale Entfernungen in der Natur vornehmen müssen.

Um den Schülern den Einstieg zu erleichtern, ist es ratsam, von bekannten „sicht- und greifbaren" Gegenständen auszugehen. Zunächst stellt man diese in ihrer wirklichen Größe dar und anschließend verkleinert man sie – z. B. um die Hälfte. Dann wird der Maßstab von dieser Verkleinerung noch als Zahlenverhältnis angegeben.

Beispiel Bleistift:

Bleistift im Original:
12 cm lang und 1 cm breit

Maßstab 1 : 1
1 cm auf dem Papier sind
1 cm in Wirklichkeit

Bleistift verkleinert dargestellt:
6 cm lang und 0,5 cm breit

Maßstab 1 : 2
1 cm auf dem Papier sind
2 cm in Wirklichkeit

0 cm 1 2 3 4 5 6 7 8 9 10 11 12 13 14 15

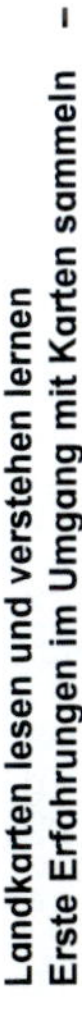

10 Maßstab verstehen und anwenden

Beispiel Wandtafel:

Auch hier wird wieder von einem realen Gegenstand ausgegangen, der für jeden Schüler sicht- und greifbar ist; in jeder Klasse ist meistens eine Wandtafel vorhanden. In der Regel hat eine ganze normale Wandtafel ein Maß von 200 cm • 100 cm. Wenn die beiden Flügel aufgeklappt werden, hat die Tafel ein Maß von 400 cm • 100 cm.

Um größere Gegenstände, z. B. die zusammengeklappte Wandtafel zu zeichnen, muss eine Verkleinerung vorgenommen werden. Nur so ist es möglich, dass die Tafel auf ein normales DIN A4 Blatt (210 mm • 297 mm) passt.

Wenn 20 cm in der Wirklichkeit mit 1 cm in der Zeichnung dargestellt werden, kann die zusammengeklappte Wandtafel auf einem DIN A4 Blatt dargestellt werden. Dazu muss man nur die echten Maße von 200 cm und 100 cm durch 20 teilen und erhält 10 cm und 5 cm.
So kann man die Tafel sofort zeichnen und auch den Maßstab als Zahlenverhältnis angeben: 1 : 20.

In der Zeichnung ist alles zwanzigmal kleiner als in Wirklichkeit. Darüber gibt die Zahl rechts vom „:" Auskunft. Man nennt diese Zahl auch die **Maßstabszahl**.

Landkarten lesen und verstehen lernen
KOHL VERLAG

10 Maßstab verstehen und anwenden

Landkarten sind maßstabsgerechte Verkleinerungen der Wirklichkeit. Wir können nun unsere Überlegungen und Berechnungen von der Wandtafel auf Ausschnitte der Erdoberfläche übertragen und können bei vorgegebenem Maßstab unserer Karte angeben, welche Strecke in Wirklichkeit 1 cm auf der Karte entspricht.

Beispiel Landkarte im Maßstab 1 : 100.000:

1 cm in der Karte sind 100.000 cm in Wirklichkeit, das ergibt 100.000 cm = 1000 m = 1 km. Das ist noch ein relativ großer Maßstab, 1 km in der Natur finden auf 1 cm der Karte Platz, sie enthält also noch recht viele Einzelheiten. So kann man mit allen Kartenmaßstäben vorgehen.

Übersicht

1 : 10.000	→ 1 cm auf der Karte sind 100 m in der Natur. 1 km in der Natur sind 10 cm auf der Karte.
1 : 25.000 (Wanderkarte)	→ 1 cm auf der Karte sind 250 m in der Natur. 1 km in der Natur sind 4 cm auf der Karte.
1 : 50.000	→ 1 cm auf der Karte sind 500 m in der Natur. 1 km in der Natur sind 2 cm auf der Karte.
1 : 100.000	→ 1 cm auf der Karte sind 1000 m in der Natur. 1 km in der Natur sind 1 cm auf der Karte.
1 : 200.000	→ 1 cm auf der Karte sind 2000 m in der Natur. 1 km in der Natur sind 5 mm auf der Karte.
1 : 500.000	→ 1 cm auf der Karte sind 5000 m in der Natur. 1 km in der Natur sind 2 mm auf der Karte.
1 : 1.000.000	→ 1 cm auf der Karte sind 10 km in der Natur. 1 km in der Natur sind 1 mm auf der Karte.
1 : 5.000.000 (Deutschlandkarte)	→ 1 cm auf der Karte sind 50 km in der Natur. 1 km in der Natur sind 0,2 mm auf der Karte.

große Maßstäbe
große Detailtreue
Einzelheiten erkennbar
–
1 : kleine Zahl
schwache Verkleinerung
kleiner Ausschnitt der Natur

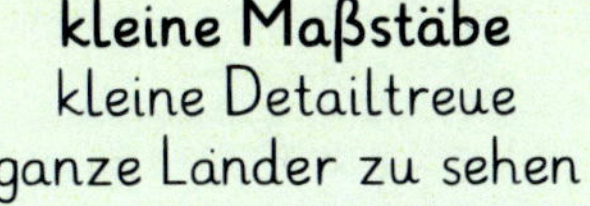

kleine Maßstäbe
kleine Detailtreue
ganze Länder zu sehen
–
1 : große Zahl
starke Verkleinerung
großer Ausschnitt der Natur

„Großer" und „kleiner" Maßstab

Schüler haben anfangs Probleme mit den Begriffen „großer" und „kleiner" Maßstab. Groß und klein beziehen sich nicht auf den Divisor (= Zahl rechts vom „:" = Teiler = Maßstabszahl = „soviel-fach" verkleinert) in der Maßstabsangabe, sondern auf das Ergebnis der Division. Je kleiner die Maßstabszahl ist, desto größer ist das Ergebnis der Division 1 : Maßstabszahl = Maßstab und umgekehrt. Eine Karte von 1 : 100.000 besitzt folglich einen kleineren Maßstab als eine Karte von 1 : 25.000 und der Maßstab 1 : 10.000 ist größer als der Maßstab 1 : 25.000.

Die Genauigkeit und Aussagekraft einer Karte ist von ihrem Maßstab abhängig. Eine Karte im großen Maßstab stellt ein kleines Gebiet groß und detailliert dar. Eine Karte im kleineren Maßstab bildet es klein und weniger detailliert ab. Der Maßstab wird je nach wirklicher Größe des abzubildenden Gebietes angepasst.

Entfernung Hamburg – Hannover bestimmen

Deutschland nördlicher Teil – Physische Karte (Diercke Weltatlas S. 20-21), Maßstab 1 : 1.500.000. Wir bestimmen, welche Strecke in Wirklichkeit 1 cm auf der Karte entspricht. Wir streichen zunächst von der Maßstabszahl die letzten beiden Nullen – dann haben wir die Entfernung in Metern = 15.000 m. Jetzt kann man das Ergebnis noch in km umrechnen, d. h. 15.000 m = 15 km. 1 cm auf der Karte sind also in Wirklichkeit 15 km. Die Luftlinie Hamburg – Hannover mit dem Lineal gemessen ergibt 8,5 cm. 1 cm auf der Karte sind 15 km → 8 cm Karte sind also 127,5 km Wirklichkeit.

10 Maßstab verstehen und anwenden

Aufgabe 1: *Wie lang ist das Radiergummi in Wirklichkeit? (Maßstab 1:2)*

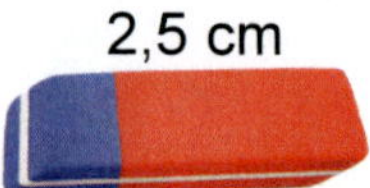

gemessene Länge = ______________ tatsächliche Länge = ______________________

Aufgabe 2: *Die Zeichnung zeigt den Grundriss von Marcos Zimmer. Der Architekt sagt: „Das Zimmer ist im Maßstab 1:100 dargestellt." Wie groß ist das Zimmer in Wirklichkeit?*

6 cm mal 9 cm

gemessene Länge = ___________ und Breite ___________

Länge in Wirklichkeit = ________________________________

Breite in Wirklichkeit = ________________________________

Aufgabe 3: *Was bedeutet ein Maßstab von 1 : 500.000?*

1 cm auf der Karte sind in Wirklichkeit _________ cm = ________ m = ______ km.

Aufgabe 4: *Ergänze die folgenden Angaben in der Tabelle – rechne um.*

Maßstab	cm Karte	cm Natur	m Natur	km Natur
1:1000	1			
1:250.000	1			
1:3.500.000	1			
1: 40.000	1			

Aufgabe 5: *Trage die Himmelsrichtungen ein und ermittle die gesuchten Entfernungen.*

1 cm auf der u. s. Karte sind in der Natur ____________ cm = ____________ m.

Entfernungen	cm Karte	Rechnung	m Natur	km Natur
Astburg – Bernheim	13 cm	• m =		
Neuhaus – Dorfheim	12 cm	• m =		
Astburg – Aussichtsturm	8 cm	• m =		
Neuhaus – Zeltplatz	6,5 cm	• m =		

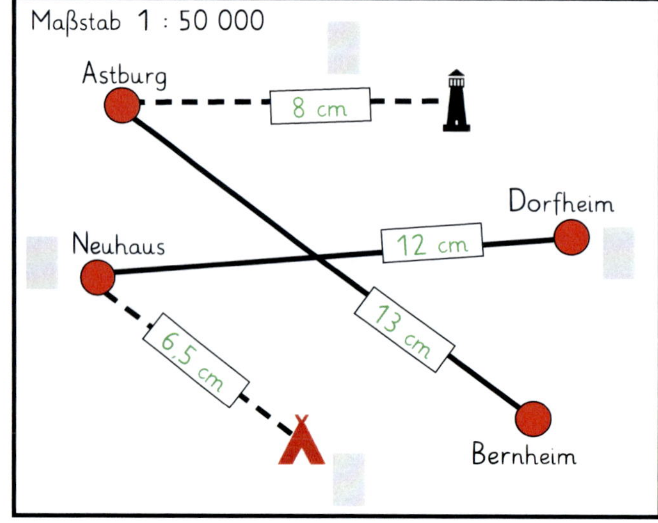

Landkarten lesen und verstehen lernen
KOHL VERLAG

11 Kartentypen – Arten von Karten

Topografische Karten – Thematische Karten

Man unterscheidet zwei große Gruppen von Kartentypen, und zwar Topografische Karten und Thematische Karten.

Topografische Karten (auch „Physische Karten" genannt)

- veranschaulichen die sichtbaren Erscheinungen der Erdoberfläche.
- In der Regel werden Gewässer, Gebirgsketten, Ortschaften und landschaftliche Gegebenheiten dargestellt.
- Außerdem werden u. a. Straßen, Schienen, wichtige Gebäude, Gebiets- und Landesgrenzen eingezeichnet.
- Elemente der Natur- und Kulturlandschaft sind lagerichtig dargestellt.
- Topografische Karten beschreiben die Umgebung wirklichkeitsgenau, indem sie allgemeine topografische Merkmale des Geländes darstellen.
- Topografische Karten sind meist sehr genau und zeigen Details von Reliefs, Vegetation, Gewässern, Siedlungen und Verkehr in einem Gebiet / einer Region.

Unterschied zwischen Topografischer und Physischer Karte

- Topografische Karten sind sehr viel genauer, weil sie großmaßstäblicher sind. Eine typische topografische Karte hat einen Maßstab von 1 : 25.000, das heißt 1 cm auf der Karte sind 250 m in der Natur. Solche Karten zeigen schon sehr viele Einzelheiten wie Seen, Gebäude, Baumgruppen usw.
- Physische Karten (im Atlas) zeigen ganze Länder wie Deutschland oder ganze Erdteile wie Europa und haben deshalb auch einen kleinen Maßstab von z. B. 1 : 3.500.000, das heißt 1 cm auf der Karte sind 35 km in der Wirklichkeit.

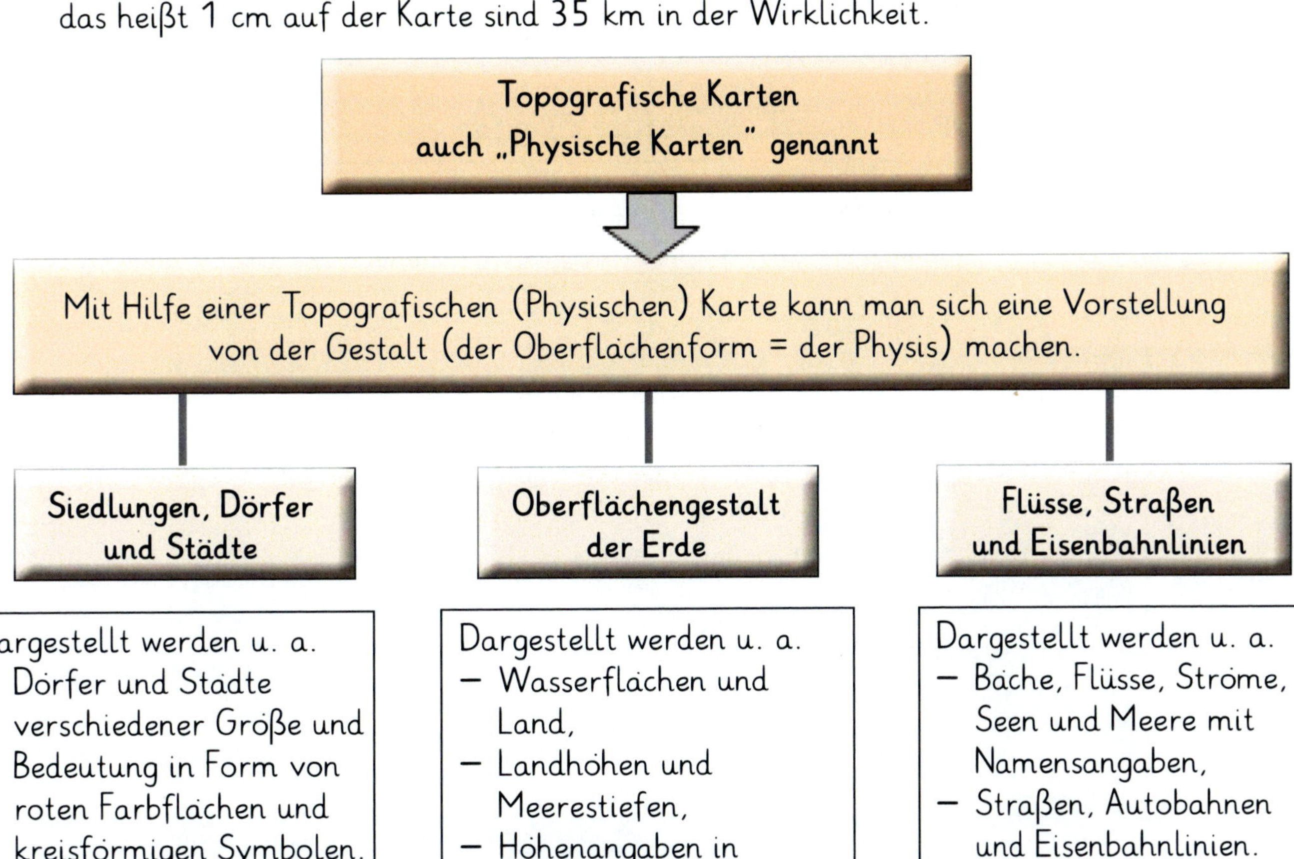

KOHL VERLAG
Landkarten lesen und verstehen lernen
Erste Erfahrungen im Umgang mit Karten sammeln – Bestell-Nr. 12 886

11 Kartentypen – Arten von Karten

Physische Karte

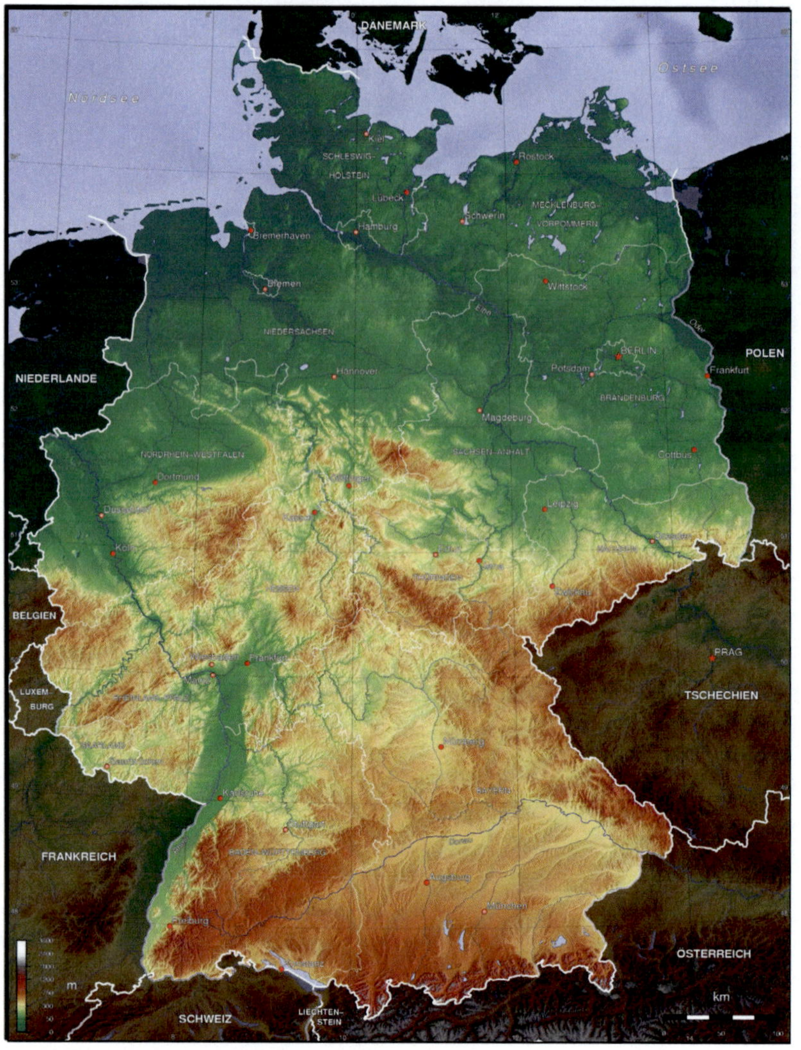

Topografische Karte

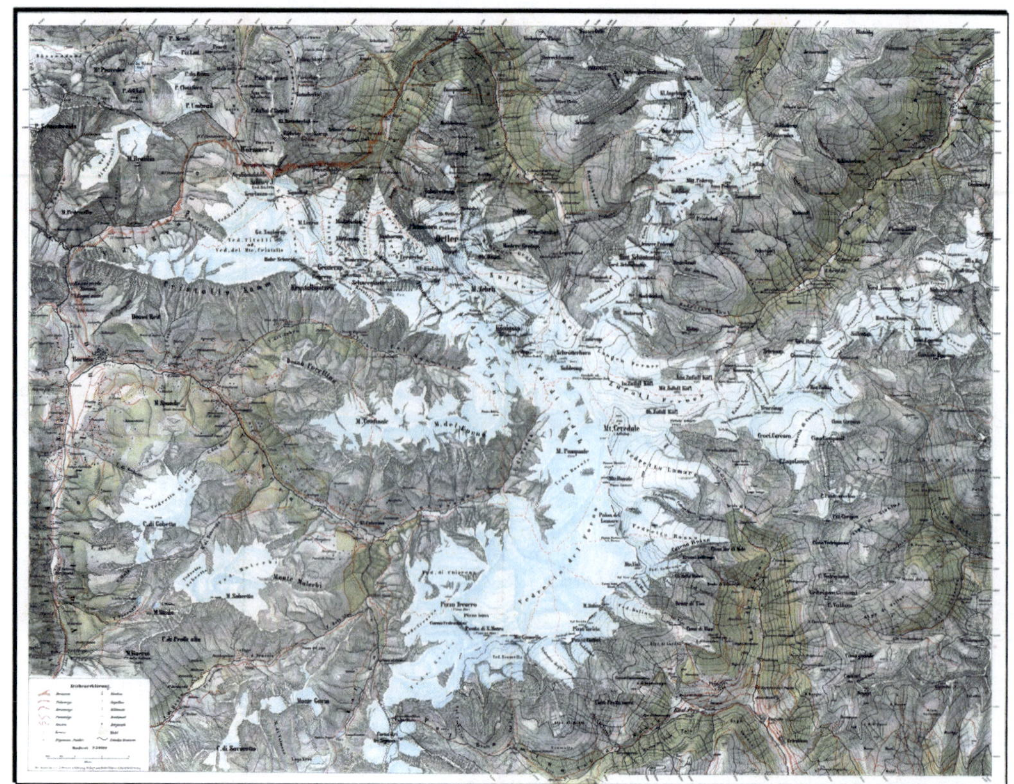

KOHL VERLAG
Landkarten lesen und verstehen lernen

11 Kartentypen – Arten von Karten

Thematische Karten

- betrachten ein bestimmtes Thema oder einen Sachverhalt genauer.
- Eine thematische Karte stellt einen bestimmten Sachverhalt mit räumlichem Bezug dar, z. B. das Bruttoinlandsprodukt (BIP) Deutschlands.
- Thematische Karten stellen ausgewählte Themen vor einem oft ausgedünnten topografischen Hintergrund dar.
- Es werden Sach- und Lageinformationen zu bestimmten Themen vermittelt.
- Thematische Karten beschäftigen sich mit Themen aus der Politik, der Wirtschaft und mit aktuellen gesellschaftlichen Themen wie der Energieversorgung, der Klimaveränderung, der Migration, dem Bevölkerungswachstum usw.

Thematische Karten

- **beinhalten ein begrenztes Thema**
- **informieren über einen bestimmten Sachverhalt**

Beispiele:

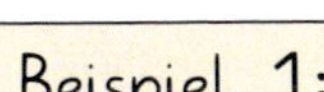

Beispiel 1:
Wanderkarte: informiert über die Wandermöglichkeiten in einer Region. Dargestellt werden u. a. Wanderwege, Rastplätze, Rasthäuser, Aussichtspunkte, Steigungen …

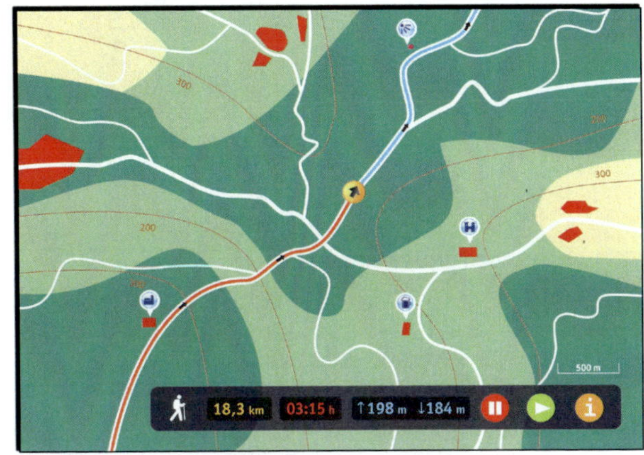

Beispiel 2:
Wetterkarte: gibt Auskunft über das Wetter in einer Region.

Beispiel 3:
Bodenkarte: gibt Auskunft über die Art der Böden in einer Region.

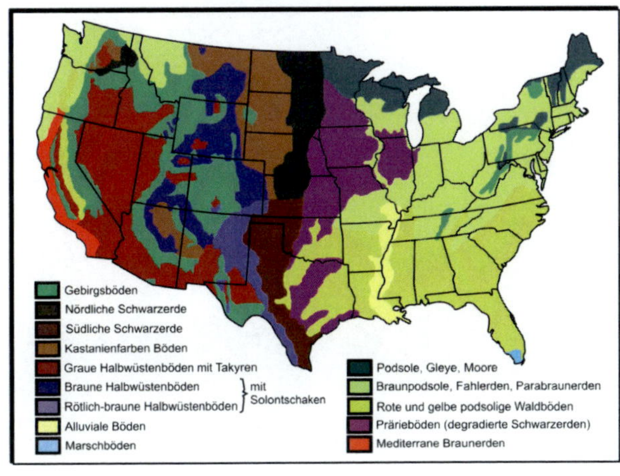

KOHL VERLAG
Landkarten lesen und verstehen lernen
Erste Erfahrungen im Umgang mit Karten sammeln – Bestell-Nr. 12 886

Lösungen

2 Didaktisch-methodische Hinweise

Aufgabe 1:

Aufgabe 2:

Aufgabe 3:

a = blau → ein See oder Teich
b = gelb / orange → eine Hauptverkehrsstraße
c = grün → eine Grünfläche / ein Park
d = grau → ein Gebäude

Aufgabe 4:

a) Westlich von Erfurt verläuft die Bundesstraße B4. Im Süden verläuft die Autobahn A4.

b) Die Gera fließt durch die Altstadt.

Lösungen

3 Was versteht an unter einer Landkarte

Aufgabe 1: Niedersachsen

Aufgabe 3: a = Nordsee / b = Ostsee / c = Elbe / d = Rhein / e = Weser

Aufgabe 4: 1 = Niedersachsen / 2 = Schleswig-Holstein / 3 = Bremen /
4 = Hamburg / 5 = Nordrhein-Westfalen

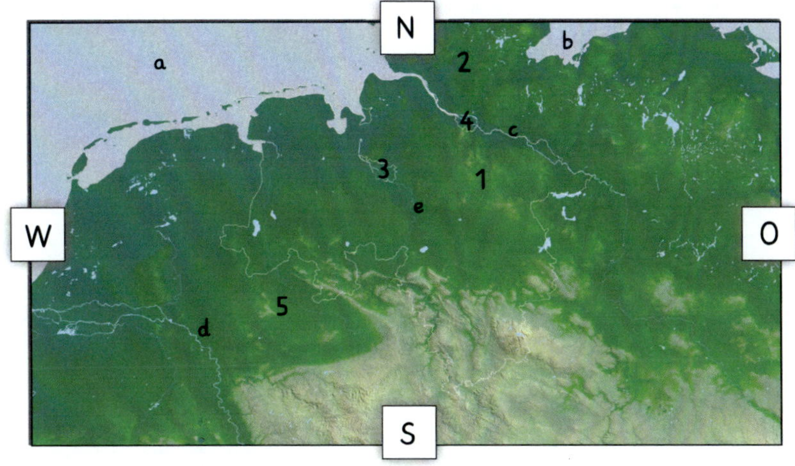

Aufgabe 5: 9→F / 11→E / 1→K / 6→G / 7→R / 3→R / 10→I / 4→T /
2→A / 8→A / 5→O

Lösungswort: KARTOGRAFIE

4 Standorte und Ansichten

Aufgabe 1:

a) Draufsicht	Seitenansicht
b) Seitenansicht	Vorderansicht
c) Draufsicht	Seitenansicht
d) Seitenansicht	Draufsicht
e) Schrägsicht	Vorderansicht
f) Seitenansicht	Schrägsicht

Aufgabe 2:

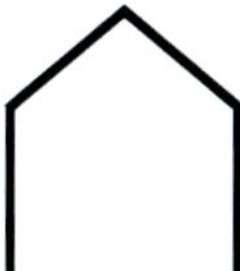

Aufgabe 3: a) Richtig sind die Aussagen: 2, 4, 6, 8

b) zu 1) Die Draufsicht zeigt das Haus senkrecht von oben.
zu 3) Bei der Seitenansicht sehe ich das Haus von der Seite.
zu 5) Bei der Schrägsicht wird das Haus von einer erhöhten Stelle angeschaut.
zu 8) Bei der Vorderansicht sehe ich das Haus nur frontal von vorn.

Aufgabe 4: a) S; b) D; c) S; d) S; e) S; f) D; g) S; h) D

KOHL VERLAG Landkarten lesen und verstehen lernen
Erste Erfahrungen im Umgang mit Karten sammeln – Bestell-Nr. 12 886

Lösungen

5 Karten lesen und verstehen

Aufgabe 1: a) b) 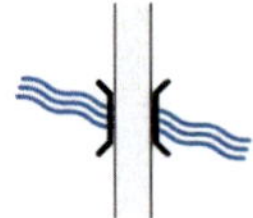 c)  d) 

Aufgabe 2: a) Kleinstadt b) Hafen c) Sumpf / Moor d) Autobahn
e) Hallenbad f) Eisenbahn g) Laubwald h) Burg / Schloss

Aufgabe 3: Schule – Laubwald – Sportplatz – Wiese / Heide – Burgruine – Zeltplatz – Freibad

Aufgabe 4: a-4 / b-3 / c-1 / d-2

Aufgabe 5:

							1	F	L	U	S	S				
							2	N	A	D	E	L	W	A	L	D
3	E	I	S	E	N	B	A	H	N							
	4	L	A	U	B	W	A	L	D							
			5	B	R	U	E	C	K	E						
							6	G	A	S	T	H	O	F		
							7	F	R	E	I	B	A	D		
					8	Z	E	L	T	P	L	A	T	Z		
				9	S	E	N	D	E	M	A	S	T			

6 Planquadrate und Symbole

Aufgabe 1:

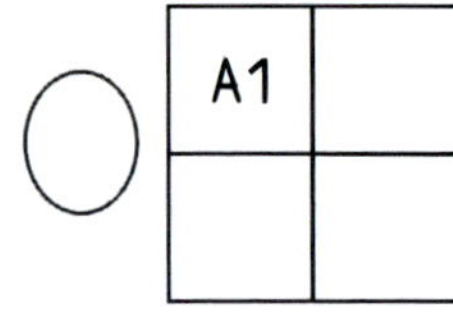

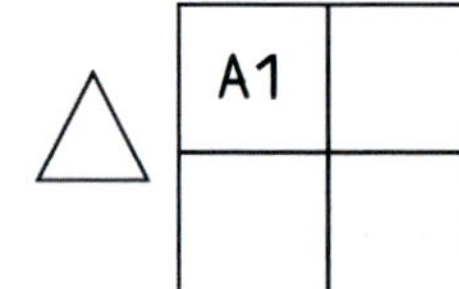

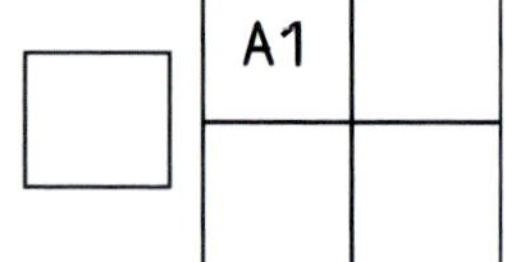

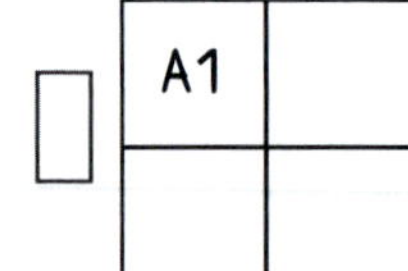

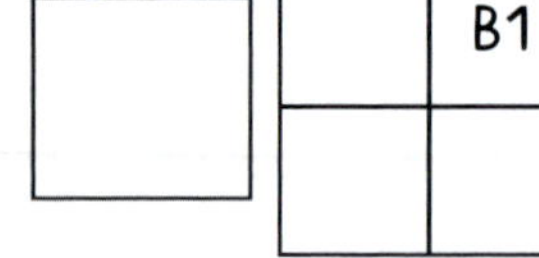

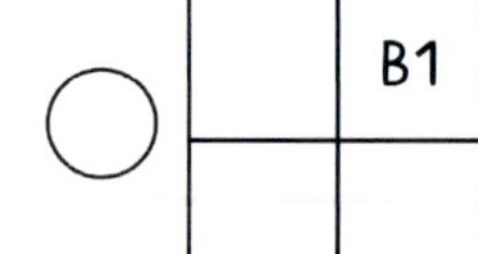

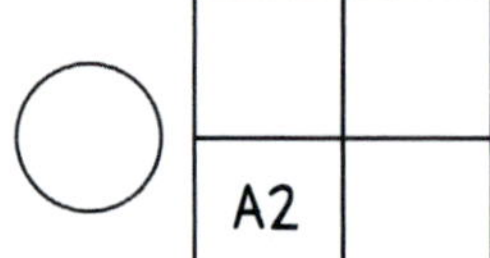

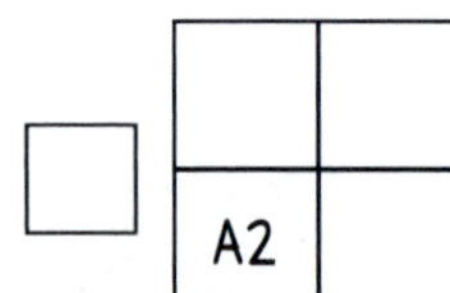

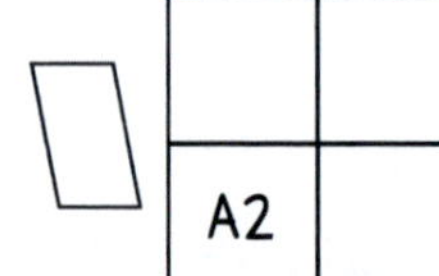

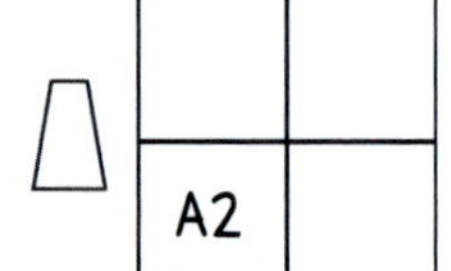

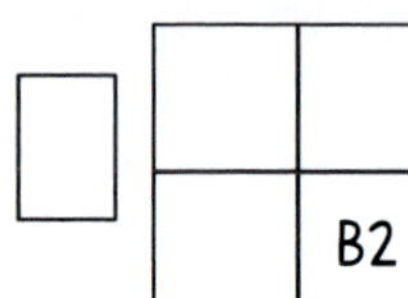

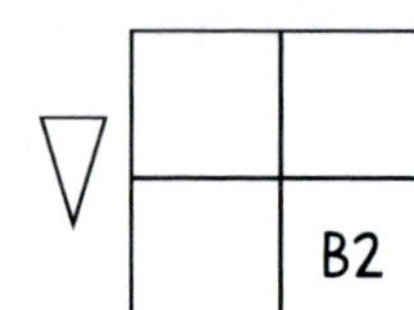

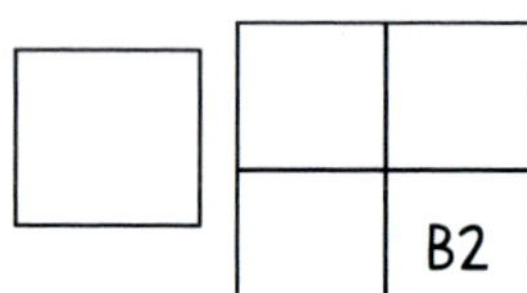

Lösungen

6 Planquadrate und Symbole

Aufgabe 2:

Haus	D	4	Kirche	B	5
See	B	3	Zeltplatz	D	1
Sportplatz	E	5	Freibad	D	6
Leuchtturm	A	1	Bahnhof	D	3
Aussichtsturm	C	2	Krankenhaus	F	2

Aufgabe 3:

Rathaus	C3 – C4 – D3	Einkaufszentrum	B3 – C3	Hallenbad	E5
Kindergarten	C5 – C6	Zeltplatz	E1	Feuerwehr	F2

Aufgabe 4: A1 – B1 – C2 – D2 – D3 – E3 – E4 – F4

Aufgabe 5:

	A	B	C	D	E	F
1						
2						
3						
4						
5						
6						

7 Wie kommen Berge und Gebirge auf die Karte

Aufgabe 1:

a) Gipfel des Berges
b) flacher Hang
c) steiler Hang
d) unten am Fuß des Berges

Aufgabe 2: a → 3 / b → 1 / c → 2

Landkarten lesen und verstehen lernen
Erste Erfahrungen im Umgang mit Karten sammeln – Bestell-Nr. 12 886
KOHL VERLAG

7 Wie kommen Berge und Gebirge auf die Karte

Aufgabe 3:

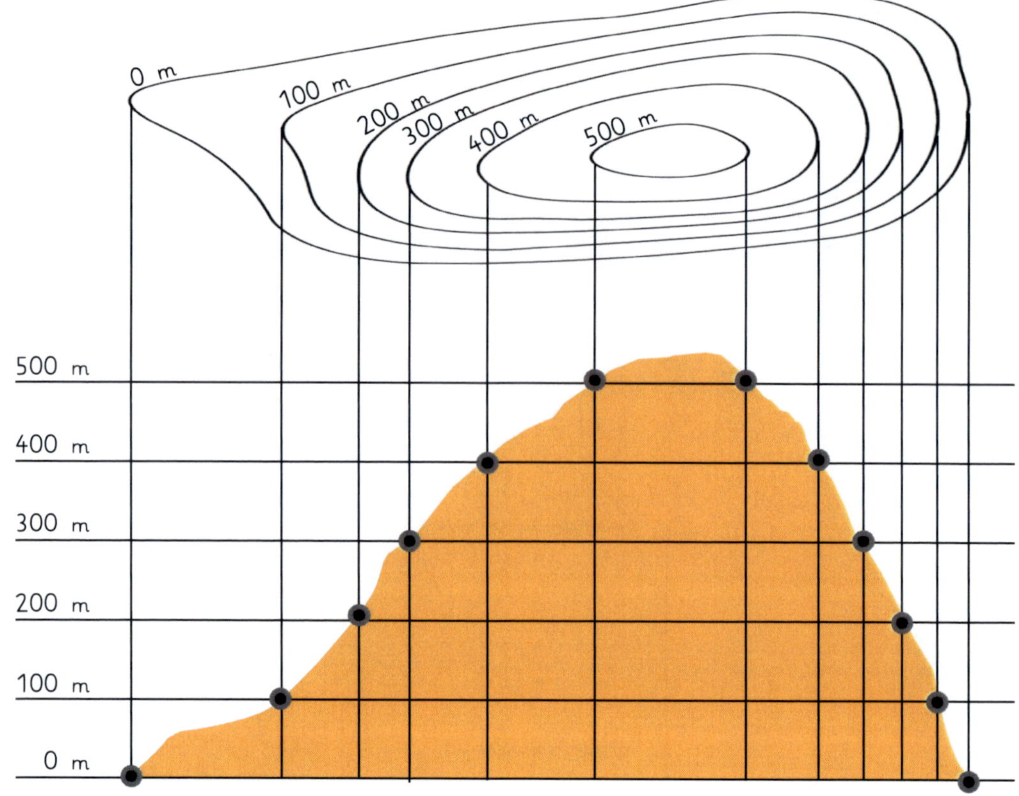

Aufgabe 4: Individuelle Lösungen

Aufgabe 5: Burg → 500 m / Zeltplatz → 300 m / Parkplatz → 200 m / Gasthaus → 400 m / Aussichtsturm → 600 m / Tannenwald → 300 m / Laubwald → 200 m / Sendemast → 600 m

8 Von der Luftbildaufnahme zur Landkarte

Aufgabe 1:

N

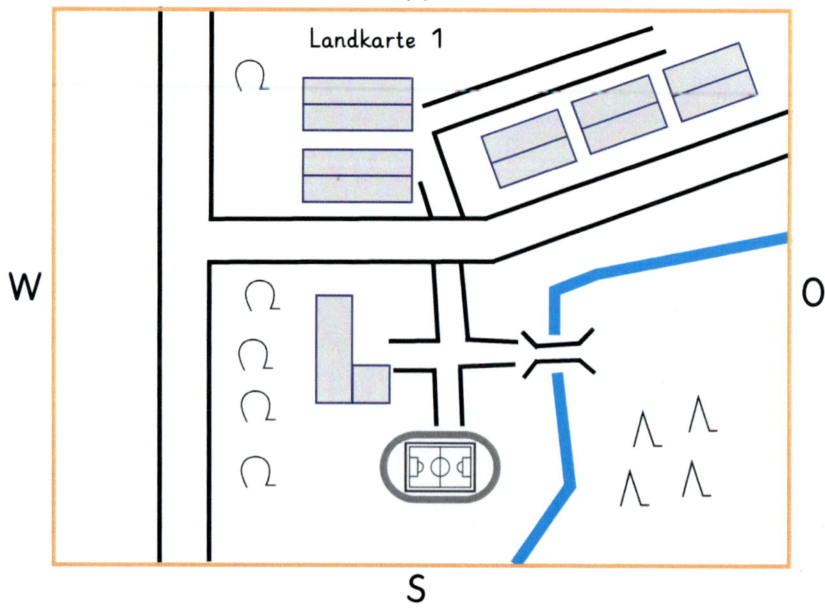

S

KOHL VERLAG
Landkarten lesen und verstehen lernen

8 Von der Luftbildaufnahme zur Landkarte

Aufgabe 2: Die Hauptverkehrsstraße verläuft von Süd nach Nord oder von Nord nach Süd.

Aufgabe 3:

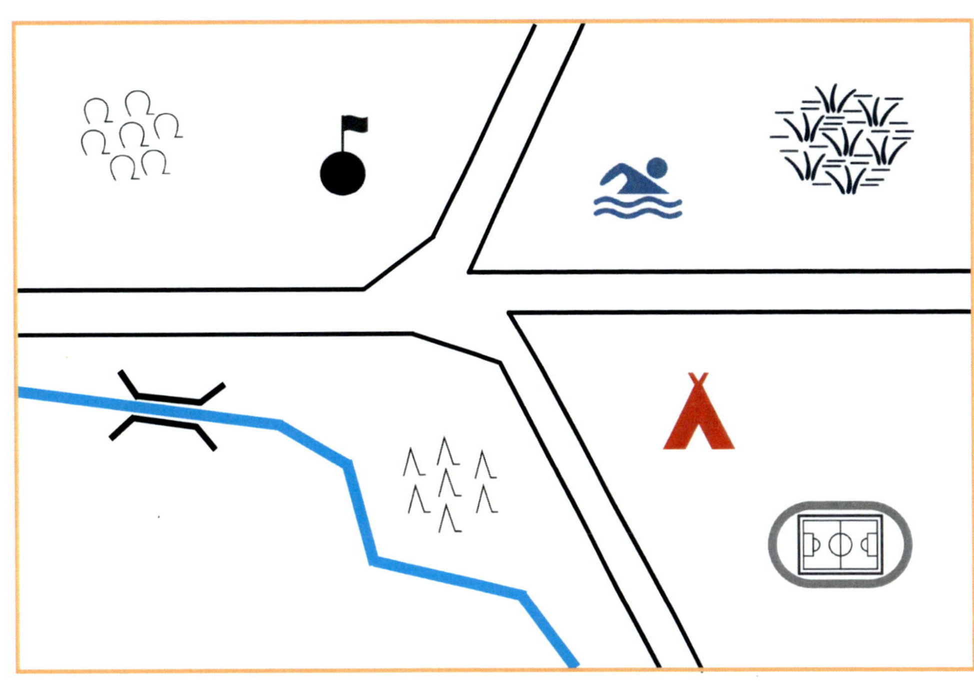

9 Wozu braucht man Himmelsrichtungen

Aufgabe 1: a) Westwind; b) Südwind; c) Nordostwind; d) Nordwestwind

Aufgabe 2: Siehe Infografik auf S. 36

Aufgabe 3:

a)

Sachsen	Saarland	Nordrhein-Westfalen	Rheinland-Pfalz
im Osten	im Südwesten	im Westen	im Südwesten

b)

im Osten	im Südosten	im Norden	im Süden
Polen	Tschechien	Dänemark	Schweiz / Österreich

Aufgabe 4:

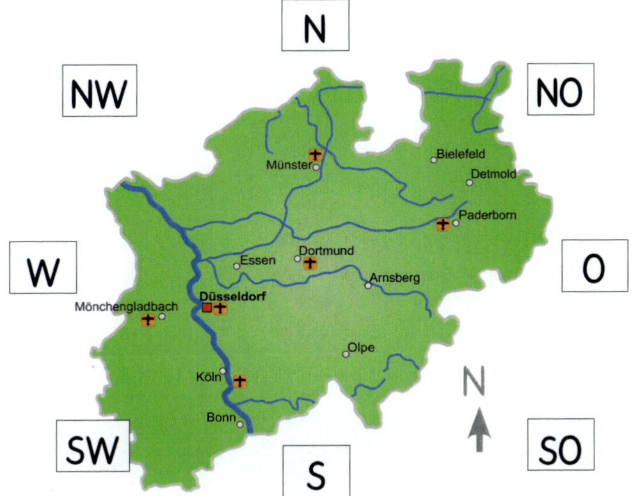

KOHL VERLAG Landkarten lesen und verstehen lernen – Erste Erfahrungen im Umgang mit Karten sammeln – Bestell-Nr. 12 886

Lösungen

9 Wozu braucht man Himmelsrichtungen

Aufgabe 5:

Mönchengladbach liegt im Westen von Nordrhein-Westfalen.
Bielefeld liegt im Nordosten von Nordrhein-Westfalen.
Münster liegt im Norden von Nordrhein-Westfalen.
Bonn liegt im Süden von Nordrhein-Westfalen.
Der Rhein fließt in Süd-Nord-Richtung durch Nordrhein-Westfalen.
Die Lippe fließt in Ost-West-Richtung durch Nordrhein-Westfalen.

10 Maßstab verstehen und anwenden

Aufgabe 1: gemessene Länge = 2,5 cm tatsächliche Länge = 2,5 cm • 2 = 5 cm

Aufgabe 2:

gemessene Länge = 9 cm und Breite = 6 cm
Länge in Wirklichkeit = 9 cm • 100 = 900 cm = 9 m
Breite in Wirklichkeit = 6 cm • 100 = 600 cm = 6 m

Aufgabe 3: 1 cm auf der Karte sind in Wirklichkeit 500.000 cm = 5000 m = 5 km.

Aufgabe 4:

Maßstab	cm Karte	cm Natur	m Natur	km Natur
1 : 1000	1	1000 cm	10 m	
1 : 250.000	1	250.000 cm	2500 m	2,5 km
1 : 3.500.000	1	3.500.000 cm	35.000 m	35 km
1 : 40.000	1	40.000 cm	400 m	

Aufgabe 5: 1 cm auf der Karte sind in der Natur 50 000 cm = 500 m.

Entfernungen	cm Karte	Rechnung	m Natur	km Natur
Astburg – Bernheim	13 cm	13 • 500 m =	6500 m	6,5 km
Neuhaus – Dorfheim	12 cm	12 • 500 m =	6000 m	6 km
Astburg – Aussichtsturm	8 cm	8 • 500 m =	4000 m	4 km
Neuhaus – Zeltplatz	6,5 cm	6,5 • 500 m =	3250 m	3,25 km

KOHL VERLAG Lernen mit Erfolg
Landkarten lesen und verstehen lernen

Zusätzliches Kartenmaterial

Landkarten lesen und verstehen lernen
Erste Erfahrungen im Umgang mit Karten sammeln – Bestell-Nr. 12 886
KOHL VERLAG

Zusätzliches Kartenmaterial

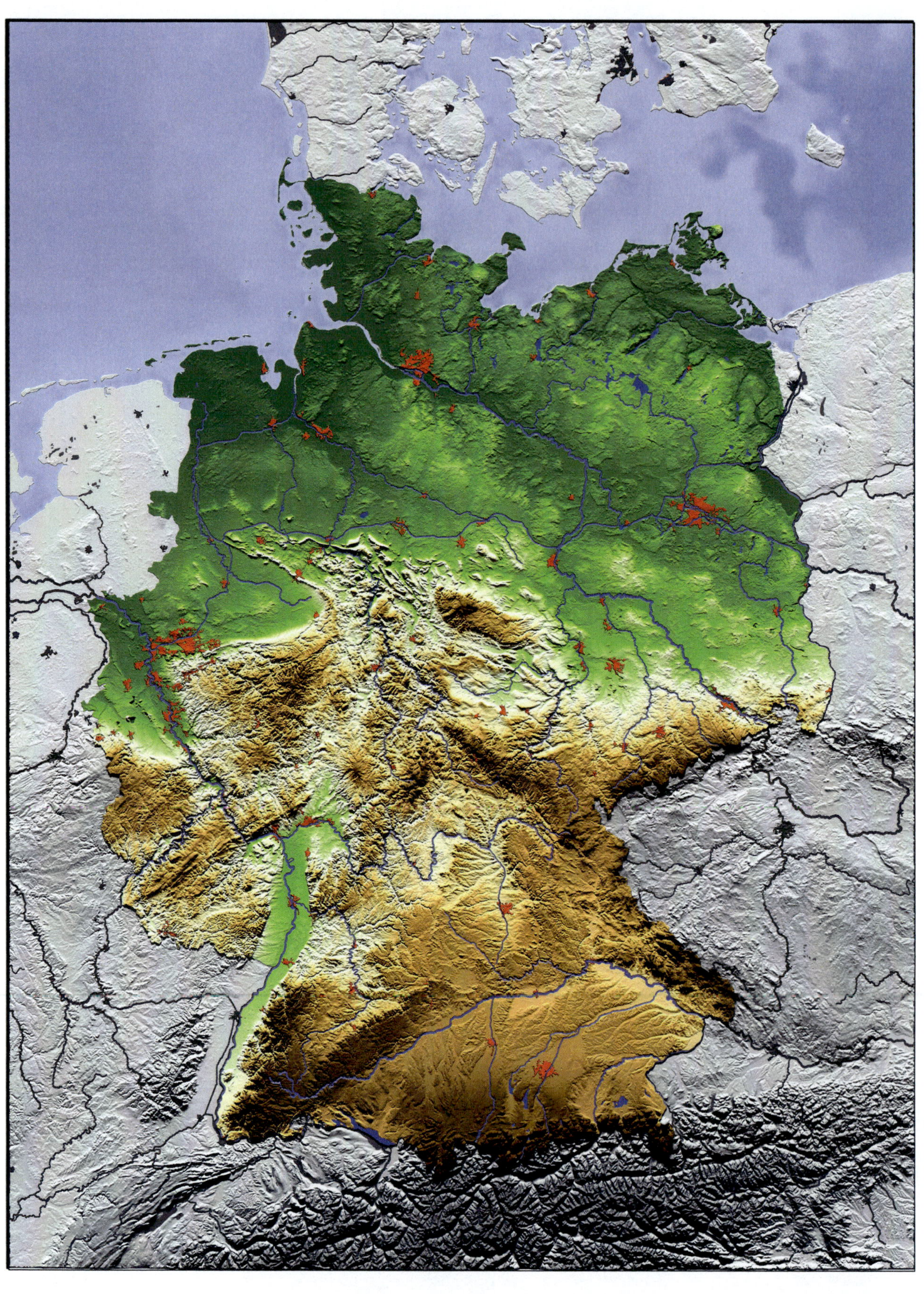

Lernen mit Erfolg KOHL VERLAG
Landkarten lesen und verstehen lernen